HEIKE BÖNING · RONALD GEYER (Hrsg.)

ALLES PUNK, EY

DAS ALLERLETZTE BUCH

Heike Böning, geb. 1960 in Northeim, lebt in Göttingen. Beiträge in Anthologien und im Rundfunk.
Veröffentlichungen: "Mit dir den Tag umarmen", Gedichte & Clownereien, editions treves, 1984; "Herznebel", Liebes- und Lustgedichte, editions treves, 1985.
War im Sommer '84 zwei Monate zu Fuß und ohne Geld alleine auf Wanderschaft durch Deutschland.
Zur Zeit ein Buch. "Die Wandersfrau", (Arbeitstitel) beim Fackelträger Verlag und Filmprojekt in Arbeit.

Ronald Geyer, geb. 1947 in Velbert, lebt in Göttingen.
Autor. Spezialisiert auf Humor, Satire, Lyrik und Visuelle Poesie.
Veröffentlichungen: u.a. "Und jetzt mal ich dich an", Gedichte, Rotation, 1982; "Echt geschenkt", Fotocartoons, Fackelträger, 1984; "Zu schade ... zum Wegradieren", Gags & Cartoons, Bertelsmann Lizenzausgabe, 1980; "Null und Wichtig", Gags & Cartoons, Fackelträger, 1982 (die beiden letzten mit Winfried Bornemann und Jochen Piepmeyer); "Komm, du Großmaul, nasch mich", Lust- und Liebesanthologie, Eichborn, 1985.

CIP-Kurztitelaufnahme der Deutschen Bibliothek
Alles Punk, Ey:
d. allerletzte Buch/Hrsg. Heike Böning; Ronald Geyer
Mit Texten + Cartoons von: Franziska Becker ... 3. Aufl. – Kiel
Semmel-Verlach, 1986.
ISBN 3-922969-31-3
NE: Böning, Heike (Hrsg.)

Semmel-Verlach
Winfried Bartnick
Werftbahnstr. 8
2300 Kiel 14

Druck: WDA Brodersdorf
Umschlag: Nieswand-Druck, Kiel

Franziska Becker POWER!
© 1983 bei Diogenes Verlag AG, Zürich
©Semmel-Verlach 1985
ISBN 3-922969-31-3

ENDLICH DA! ...DIE WENDE

PUNKER PAUL

Punker Paul:	Hallo Großtante!
Großtante:	Ja, wer ist denn da?
Punker Paul:	Paul!
Großtante:	Hallo Paulchen, wie gehts denn? Was macht denn die Schule, wie gehts denn..
Punker Paul:	Du, nur kurz. Neben dir wohnt doch so'n Medizinmann. Der Typ, der seinen Bunker gerade instandbesetzt. Du hast doch mal blicken lassen, daß du saustarke Connections zu dem Guru hast. Du, die sind jetzt voll angesagt! Ich hab nämlich 'ner Tussi 'nen Braten in den Ofen geschoben.
Großtante:	Und jetzt ist der Braten angebrannt. Und jetzt soll dir deine liebe Großtante aus der Patsche helfen. Paulchen, ich hab dir damals gleich gesagt, warum hast du nicht den schönen Kurs von der Volkshochschule: "Kochen — Oma Hegermann berichtet....."
Punker Paul:	Nein, du ich habe 'ne Discotorte, verstehste, 'ne Gurke angetickt!
Großtante:	Also nun mal schön der Reihe nach! Erst ist der Braten im Ofen angebrannt. Dann hast du eine Torte nachgeschoben. Und was erzählst du mir da dauernd von einer Gurke?
Punker Paul:	Ohhh würg! Mensch Großtante, ich hab... verstehste tatütata... und jetzt ist es höchste Töff-Töff. Check doch mal vor, was bei dem Macker Trumpf ist. Also knetemäßig ist möglichst die Null-Lösung angezeigt.

Großtante:	Also wenn du mir das mit dem Ofen und der Gurke...
Punker Paul:	Grrrrr. Großtante, die Gurke is 'ne Schnecke!
Großtante:	Was ist die Gurke?
Punker Paul:	'ne Schnecke, 'ne Supermutter!
Großtante;	Also, Paulchen, schäm dich, laß bitte deine Mutter aus dem Spiel, das hat sie nicht verdient. Soweit ich weiß, ist bei ihr noch nie was angebrannt. Und auch früher, als junges Mädchen, hat sie nichts anbrennen lassen.
Punker Paul:	Ja. Jetzt hast es. Nichts anbrennen lassen. Bubu machen. Klaro!
Großtante:	?????
Punker Paul:	Biste noch am Horn? He? Und jetzt muß der Braten raus aus'm Ofen. Und dazu mußt du noch bei deinem Dr. med. Wurst die Schotterlage abfragen.
Großtante:	?????
Punker Paul:	Hallllo!
Großtante:	Du Paulchen, jetzt mach dir mal keine Sorgen. Du läßt den Braten, wo er ist. Deine Großtante kommt sofort. Und den Doktor bring ich auch gleich mit!
Punker Paul:	Oh noooooooooooo!

Peter Kernig
34 Göttingen
Rasenweg 19

Herrn Axel Schenk
Verlag C.J. Bucher GmbH
Ortlerstraße 8
8000 München 70

Betreff: Bewerbung für Vertrieb/Buchhandel

He Alter!!

Hab ihre Anzeige in der Börsenkiste gesehen. Hätte tierischen Bock auf die Maloche. Hab schon ne Menge Buchhandelserfahrungen im Vertrieb/Verkauf gemacht. Speziell was de Kohlen angeht, echt ey. Hab en sahne Buch von em Riesentyp son Kulturfreak versemmelt. Bin von Buchhandlung zu Buchhandlung getrampt. Und diese Maria hat die Kiste erstmal in Kommission genommen. Is gebongt. Aber dann wollten sie mich abziehen, die kamen mit der KNETE nicht rüber. Fuck!!! Ansonsten absoluter Bücherfan. Hab meine Bücher als Poofgestell unter der Matratze liegen. Auch mene Mucke spielt on the books. Das fetzt rein! Also, no problem. Nie war ich so wertvoll wie heute.

Bis denne!!!

Verlag C.J. Bucher

sucht zum baldigen Eintritt in kleines sympathisches Team nach München Mitarbeiter/in für

Vertrieb/Buchhandel

Bewerber/innen (möglichst aus dem südd. Raum) sollten Verlags- und/oder mehrjährige Buchhandelserfahrung mitbringen (speziell in Vertrieb/Verkauf), über EDV- und englische Sprachkenntnisse verfügen.

Unter der Verantwortung unseres Vertriebs- und Werbeleiters obliegt Ihnen die Betreuung des Buchhandels, die Steuerung der Auslieferungen, die Organisation von Messen, Ausstellungen und Vertretersitzungen, die Auswertung der Vertriebsstatistiken, die Lagerkontrolle und Provisionsabrechnungen. Wir erwarten Einsatzfreude, Organisationstalent und Kreativität.

Bitte senden Sie Ihre Bewerbungsunterlagen (Lebenslauf, Zeugnisabschriften, Lichtbild) mit Gehaltsvorstellung an

Herrn Axel Schenck,
Verlag C.J. Bucher GmbH,
Ortlerstraße 8, 8000 München 70

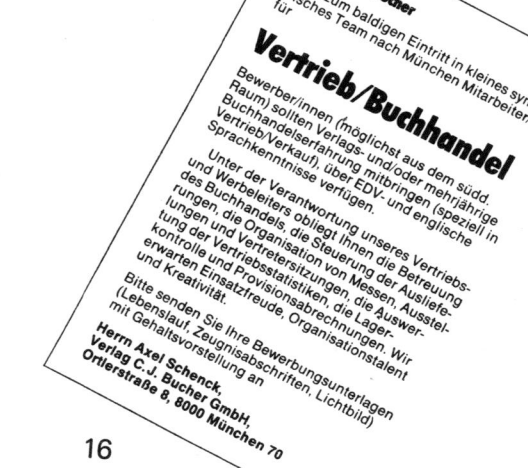

Verlag C.J. Bucher GmbH
Ottlerstraße 8
D-8000 München 70
Telefon 089/76 99 20
Telex 5 22 720
Telekopierer 089/76991 78

Geschäftsführer:
Wolf Prüter

Herrn
Peter Kernig
Rasenweg 19

3400 Göttingen

München, 23. März 1984

AS/pe

<u>Ihre Bewerbung</u>

He Typ!

War mir echt ne Freude, von Ihnen zu hören! Und was Sie so drauf haben, hat mich auch ziemlich angemacht. Aber Schmus hin, Schmus her, deutsche Buchverteiler stehn mehr auf Kragentypen mit Schlips-appiehl als auf son geilen Freak.

Is ne tierische Welt, aber machn Sie was dagegen! Ächt ätzend.

See you later,

Ihr sehr ergebener

(Axel Schenck)

Verlag C.J. Bucher GmbH Postscheck   Deutsche Bank AG   Registergericht
München und Luzern   München 242480-808   München 2723-260   München
                         BLZ 700 100 80   BLZ 700 700 10   HRB 66 018

Da war mal 'ne echt coole Frau, die hatte sich ihre Haare mit Henna gefärbt, da hieß sie überall nur noch Rotkäppchen. Die wohnte bei ihren Alten wegen der Knete, Malochen ging ihr echt auf 'n Zeiger, total Null. Aber die Alten machten ständig Terror von wegen Jobben und so. Emotional lief da eh nichts mehr und 'ne Zweierkiste hatte sie auch gerade nicht am Laufen.

Da sagte sie sich: „Hier wirste nicht alt, und überhaupt, nur Action bringt Satisfaction." So machte sie sich vom Acker zu 'ner befreundeten Land-WG, die im Wald ein irres Haus aufgerissen hatten und nun dabei waren nach dem Bauherrnmodell neue Mitbewohner zu suchen. Vorher ging sie noch kurz zu Karstadt und klaute in der

ROTKÄPPCHEN

Reformabteilung 'ne Pakkung Körner, zwei Flaschen okzitanischen Bio-Wein und 'ne "Jute statt Plastik"-Tüte. Dann trampte sie los.

Klappte auch alles ganz locker. Nur das letzte Stück ging sie zu Fuß durch den Wald. Da kam plötzlich ein total ausgeflippter 68er Freak angelatscht mit unheimlich langer Matte und Knopf im Ohr. Wolfgang oder so hieß der Typ. Laberte ständig was von 'nem Blumenstrauß und 'nem Jäger und wo denn die Großmutter wohnen würde und so. Total beknackt. Rotkäppchen war irgenwie echt zentral genervt und kriegte wahnsinnige Aggressionen: „Also, ich find das unheimlich Scheiße von dir. Das ist ja wohl echt die Endhärte, wie du mich hier so pickelhart anmachst, Alter, also da läuft echt Null."

Der abgefuckte Macker brauchte 'ne Weile bis er das geschnallt hatte. Der war dann irgendwie irgenwo total geschockt. War wohl 'n echter Hammer für den, identitätsmäßig und so, der hing danach für 'n paar Wochen völlig durch. War aber bestimmt 'n wichtiger Lernprozeß für den.
Ja, und Rotkäppchen hat sich voll in die WG eingebracht. Die waren alle unheimlich lieb und spontan. Hab ich alles von dem Wilhelm gehört, das ist der Bruder von dem Jakob. Die beiden Typen erzählen vielleicht beinharte Stories. In echt ey.

DEKADE No. 2

Hallo Bombenleger, Hausbesetzer und Anarchofreaks, Hallo Sponties, Flippies und Superchaoten, hier kommt der richtige Zündstoff für Euch, ein akustisches Knallbonbon mit glasklarer Message, 25 fulminante Hit-Power-Songs von Demonstrationen und Umstürzen.

> Bella Ciao von Reinhard Mey
> Das Einheitsfront-Lied von Kid Knusewetter
> Die Internationale mit Michael Mehltau
> We shall Overcome mit Volker Schlechtenbrink
> Venceremos mit George Dancer
> Brüder zur Sonne zur Freiheit von Mario Henna

Lieder von der Durchschlagskraft eines Molotowcocktails, Lieder wie La Cuccarache, Die Gedanken sind frei, Bandiera Rossa und El Pueblo Unido. **RANDALE!** Internationale Interpreten wie Stefan Sulky und die Gruppe Zapfgeigenhunsel, verstärkt von den Rosy-Singers, den Cornels und dem Ratzeburger Achter.

RANDALE!

25 Dauerbrenner im blutroten Cover, jetzt nur einen Steinwurf von Euch weg bei Eurem Schallplattenhändler für nur 3 Rubel.

RANDALE! — real hot stuff — wenn Ihr rot hören wollt statt sehen — 25 revolutionary Hits...
... auch zum Mitsingen!

Winfried Thomsen
GOTT SEI PUNK
Eine alte Story
neu erzählt von Lucky und Hatti

Gary war der Obermotz von den "Nazareth-Angels", meist auf der Piste, Schnecken aufreißen und abschleppen und schon lange scharf auf Mary, die Braut von Jo, einem total verwichsten Typen. Wie der mal schwer 'n Glimmer hat, pirscht sich Gary an Mary ran — war'n bißchen unterbelichtet, aber 'ne echt heiße Torte, und er mußte die Mutter unbedingt angraben, nicht? Macht einen auf Raushängen und haut auf's Blech: Daß er von Mick Jagger kommt und der sie echt 'ne vollgeile Muffe findet, aber Mary hat irgendwie kein gutes Feeling bei der Sache und sagt: „Ich glaub, ich spring in' Schrank", und daß er wohl 'n Sockenschuß hat.

Aber er quatscht ihr 'n Bauch voll, daß Mick irre angetörnt ist von ihr, und sie 'n Sohn kriegt, der Jesse heißen soll. Und der ist der King, macht schwer Putz und wird überhaupt echt Spitze, sagt er. Aber Mary sagt nur ätzend: „Mach den Kopf zu, Alter", und überführt ihn spontan als den letzten anmacherischen Schwanzfikker, und da kann frau überhaupt nicht drauf abfahren. Und Gary sagt, ne, is nix, sondern der Heilige Geist kommt und hilft ihr, ihre Möglichkeiten echt zu entwickeln, und da is sie voll ausgetickt auf den Kumpel, spürt echt ihre vibrations, aber nach dem Ding mit 'n Heiligen Geist hängt Gary die Qualle ab und macht den Zeppelin, bevor Jo die Sache schnallt und er sich 'n Satz Ohren einfängt oder 'ne Taucherbrille erbt.

Als nu Jo die Kiste

getickt hat, denkt er erst: „Ich glaub, meine Oma geht mit Elvis" und ist auch irgendwie echt unheimlich sauer und will Mary schon 'n Orden verpassen, aber dann flippt er doch voll auf sie ab und bringt sich echt ein, weil: Er kann ja nu noch was Knete ergeiern vom Arbeitsamt, der echt bediente Rumhänger.

Und genau diese Zeit — wo Zorro der Obermakker von Syrien ist — hat August, so 'n Polit-Opa aus der Familie der Mumien, 'ne Volkszähle angesagt. Will mal gukken, wo der die fette Kohle ziehen kann, und alle sind reichlich genervt.

Nur Jo, der ist echt cool drauf und gibt seine Matte lieber für Ouzo aus als für Juso und hängt mit Mary in Bethlehem rum in dem letzten miesen Schuppen, wo das im Winter mächtig schatti war, aber sie war auch lieber hochschwanger als niederträchtig, und schon kommt Jesse, ist gleich voll da und schwer in action und flippt in der Szene rum, und Jo und Mary sind echt schrill drauf.

Draußen auf 'm Feld war nu grade das Meeting der Pluderhosenfraktion, die ganze Belegschaft war da am Parken, hatten schwer einen reingedröhnt, der halbe Laden war schon zu, also Canale grande. Kommen die Angels vorbei, die letzten abgelutschten Typen und sagen sich, diese verstörten Masken müssen wir mal aufmischen, den Schlaffis was von der Dope-Szene beipulen. Machen die Typen an, vonwegen: Leute, die Bewegung ist echt total kaputt, nix läuft mehr, und daß man die konkreten Mechanismen mal radikal in Frage stellen muß, und das bringt der Typ, der da drüben in der Krippe knackt, astrein, echt einsam, aber volle Power. Und dann bringen sie noch 'n Sprechchor: Raus aus der NATO, rein ins Vergnügen, oder so — und die Pluderhosen denken: „Wahnsinn!", sind total angemacht von dem affengeilen Spruch, da kommt Leben in die

Bude, ist ja auch voller drauf als die Glotze beseelen, na klaro. Und sie rein in den Schuppen, und das ist ein echtes Aufeinanderflippen, die Kumpels verbalisieren überall ihre emotionalen Erlebnisinhalte, daß es die Leute echt aus den Latschen pustet, nich, die schnallen voll ab, und es ist ein schweinegeiler Tag. Die Mary, die entwikkelt auch echt irgenwie 'ne irre Sensibilität, geht so auf die inner journey, und die andern people kommen von dem Trip gar nicht mehr runter, der dritte Indianertrend hatte sie schon tierisch angeödet, und Jesse ist jetzt tierisch angesagt. Sauber!
Da kommen denn auch gleich drei Freaks auf 'm Königspilstrip bei dem Großmaul Roadie vorbei, total verwichster Teilnehmer, der ist nun reichlich abgetörnt und denkt, ihn streift ein Bus. Ist doch logo, die Sache rasselt ihm voll auf 'n Keks, das war echt too much, und ist er scharf drauf, den Jesse gar zu machen, aber will erst mal abchecken: Wo läuft das mit der Kiste. Die drei Freaks sagen: ,,Is gebongt, Chef", und sie immer der Neonreklame nach, rein in den Schuppen, ham sie auch Henna, Müsli und Libanesen mit, und dann haben sie alle irgendwie so ein positives Gefühl, also die hängen da irgendwie irre lieb rum oder so.
Dann ha'm die Freaks noch den Roadie gelinkt und hauen in den Sack, und die Angels sagen zu Mary und Jo, sie sollen sich fetzen. Die haben echt null Bock und sind irgendwie unheimlich traurig, aber dann machen sie die Fliege, und, kaum ha'm sie sich verpißt, läßt der Roadie, der hat ja irgenwie 'n Rad ab, die Kinder, die sich nicht dünne gemacht haben, die läßt er also alle machen, Mensch, Alter, da laufen vielleicht heiße Szenen ab, war doch logo alles Asche. Aber mit Jesse ist alles Paletti.

SO GESCHEHEN

BEDIENUNG, BITTE!
BITTE, VERLASSEN SIE DAS LOKAL!
ICH NIX TÜRKE

WENN DU GLAUBST, DU KRIEGST HIER WAS ZU TRINKEN, HAST DU DICH GESCHNIT-TEN!
O.K., ALTER, LASS MAN GUT SEIN
HALLO JONNY! KANNST DU MAL BEI ALDI 20 BIERCHEN HOLEN?
KLAR, FRIEDHELM, MACH ICH

ICH WÜRDE JA DIE POLIZEI HOLEN, HERR BRINZSCHICK
PROST!
EIN HOCH AUF DIE FREIE WIRTSCHAFT!

RETTET DEN PUNK

Freunde und Feinde! Hört mal her!
Dem **PUNK** soll es an den Kragen gehen, **PUNK** soll verschwinden! Der **PUNK** soll von einem großen Warenhauskonzern aufgekauft werden — und die Regierung sagt okay dazu!
Der Konzern will den **PUNK** hauptsächlich in der Werbung verwenden. Und der Regierung ist das recht. Sie sagt, **PUNK** mache:
schlank, krank, blank und rank und **PUNKIES** hätten nicht alle Tassen im Schrank.
Wir müssen den **PUNK** retten und Ihr seid dazu aufgerufen. Das Kuratorium Rettet den **PUNK** (Kurz R.d.P) braucht Eure Mitarbeit, echt!
Ohne Punk gibt es keine Pullover mehr aus Neuer Deutscher Wolle, keine Netzunterhemden aus Stacheldraht, keine Niederschmetterlingsbrillen! Keine rasselnden Ketten, kein rasselnder Atem. Keine Rouladennadeln mehr durch die Nase!
Wenn der Punk abgeschafft wird, geht die Kunst baden. Die Pogo-Schüttler fallen flach. Es wird keine Hits mehr geben wie: "Es geht eine Strähne auf Reisen". Die Fäkalsprache wird wieder mit Codewörtern verschleiert. Gedichte werden verboten, zum Beispiel:

Stink/stankte/gestunken
Der Vater hat's getrunken
Die Mutter hat's gelondracheckt
Und niemand ist ertrunken.

Spraydosen werden nur noch gegen Angabe von Gründen und gegen Vorlage des Personalausweises verkauft werden.

He, Leute! No Future soll keine Zukunft mehr haben! Das Leben soll wieder langweiliger werden! Kein Oberkommando der Ohnmacht mehr! Weder Lauge noch Säure, nichts Ätzendes soll erlaubt sein. Kein schweißtreibendes Fighten im Treibeis. Hausschlachten statt Straßenschlachten, Heftpflaster statt Pflastersteine. Nie mehr eingeworfene Autoreifen, zerstochene Fensterscheiben! Null Apococalypse, null Null Bock!

Menschen, Freunde, Feinde, Bürger! Wollt Ihr das alles? Das wird doch tierisch öde! Kein bißchen turbogeil, die ganze Sache. Rettet den Punk!

Die ganzen tollen Sprüche sollen nicht mehr sein:

Ich hasse Toleranz! Ich bin so liebebedürftig, daß ich um mich schlagen könnte! Angst ist das Privileg des Furchtsamen!

Leute! Zeigt Eure Zähne von der besten Seite! Schließt Euch zusammen im Kuratorium Rettet den Punk, kurz R.d.P.! Sonst gibt's den Punk nur noch im Museum, und die, die gesagt haben daß **NO FUTURE** keine Zukunft hat, lachen sich ins Fäustchen!

Die Gesellschaft soll noch eintöniger werden. Die Rekruten der Unheilsarmee will man entlassen! Bürger, wehrt Euch dagegen, Ihr braucht uns doch auch als Feindbild! Was wollt Ihr denn ohne uns machen?

Wir treffen uns jeden Freitag in den Räumen des ehemaligen Max-Punk-Instituts. Bewegt Eure Ärsche, Leute, oder braucht Ihr erst einen Backstein in die Fresse? Engagiert Euch — sonst setzt's was!

FLOWER POWER ...
PEACE BRUDER! PEACE FÜR ALLE!
?
HE LEUTE! DA GIBT EINER EINE RUNDE PILS FÜR ALLE AUS!
ÖH, ÄH.. ÄCHZ..
HE HE HE
ALSO, WAS IS JETZT MIT DEM PILS?
LECHZ
GARGL
SCHLABBER GEIFER

Verlag Vittorio Klostermann   Heike Böning
Frauenlobstraße 22   Rasenweg 19
Postfach 900602   34 Göttingen
6000 Frankfurt

Betreff: Bewerbung als Assistentin für Herstellung
und Werbung zum 1.7.84!

He Klostermann!
Sie sind nicht zufällig der Alte von der Klosterfrau
Melissengeisttante, nee, ne? Hätte ja sein können,
daß sie diese alte Flasche mal aufgerissen haben, weil
Sie immerhin aus der Ranschmeißerbranche kommen und
für sie letztendlich die Werbetrommel ins Rollen ge-
bracht haben. War ja ne Zeit viel im Fernsehen, läßt
sich ja nicht leugnen. Allerdings mußte die Melissengeisttante immer ziemlich ruhig gestellt werden, ne?
Ach nimms leicht, nimm mich. Wie sie bemerken bin ich
ein gebildeter Pädagoge. Und das trifft sich doch
wohl gut für die Betreuung ihrer Herstellung- und
Werbungssucht und sehr interessanten wissenschaftlichen
Produktion. Wir kriegen das schon in Griff, echt ey,
gemeinsam sind wir stark!! Meine Freundin Christiane
Behrens bestätigt Ihnen alles. Also, es gibt nichts
Gutes, außer man tut es.

Mit freundlichen Grüßen

[Unterschrift]

Zum 1.7.1984 suchen wir eine(n)

Assistenten(in)

für Herstellung und Werbung

zur Betreuung unserer wissenschaftlichen Produktion. Grundkenntnisse der technischen Buchherstellung sind erforderlich. Nach Einarbeitung weitgehend selbständige und eigenverantwortliche Erledigung aller herstellerischen Aufgaben.

Bitte schicken Sie Ihre Bewerbung an den
Verlag Vittorio Klostermann
Frauenlobstraße 22, Postfach 900601
6000 Frankfurt 90

**Vittorio Klostermann
Frankfurt am Main**

Vittorio Klostermann · Frankfurt am Main
6000 Frankfurt/Main 90 · Postfach 900601 · Frauenlobstraße 22 · Telefon 774011

Frau Heike Böning
Rasenweg 19
3400 Göttingen

16.April 1984 ek/hk

He Böning,

das is ja ne echt geile Bewerbung
Welches Handbuch gibtn so hints?
Die Postmieze hat mir so was noch
nie aufn Tisch gebrezelt.
Aber, Frau, steht echt wenig drin
über Sie.
Drum ist auch das feedback n bischen
laff.
Nichts für ungut und freundliche Grüße
Ihr

Eckard Klostermann

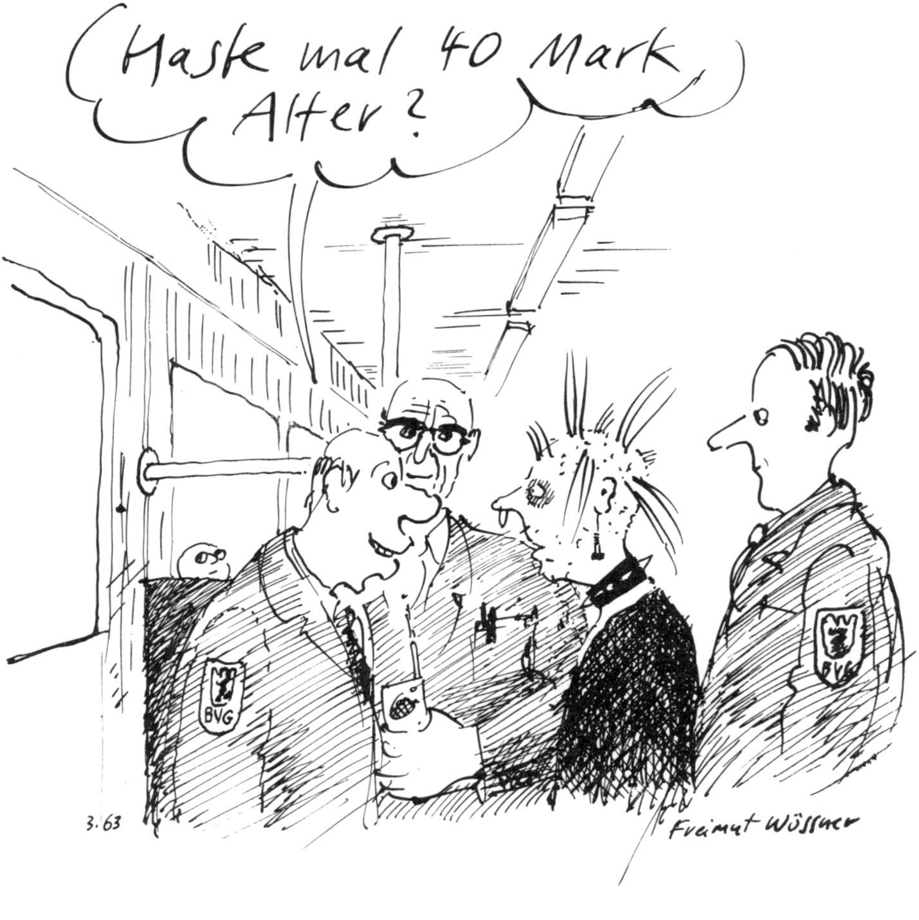
Haste mal 40 Mark Alter?
BVG
3.63
Freimut Wössner

WG - olé

Mensch, jetzt Koch doch endlich mal! Ich hab'n Wahnsinns-Hunger!
Bei dem Angebot, das der Einkaufsdienst hinterlassen hat?! Nur Aldi-Fraß und davon die Hälfte vergammelt!
Welcher Arsch hat'n schon wieder den Plattenspieler ohne Lift benutzt?!

Das Fleisch ist viel zu scharf gebraten! Da sind doch jede Menge Nitrosamine drin! Total Krebserregend! Und der Rotwein ist bestimmt durch Asbest gefiltert...
Und schon wieder Kein Gemüse von „Kraut und Rüben": Hier ist doch bestimmt die Masse Cadmium drin, das reine Sevesogift!
Rettung!! Ich lieg bereits im Koma!

47

Uääääh! Das Klo ist ja mal wieder total versifft! Wetten, daß die Jungs es einfach wieder nicht gesehn haben?!
Ich habs dicke! Der Deckel wird jetzt ein-für allemal fesgeklebt!!
DER DECKEL BLEIBT UNTEN!

Verdammte Scheiße! Nie tut ihr das Werkzeug wieder zurück in den Werkzeugkasten! Ich schließ den jetzt weg!
Ich glaub, bei mir fliegt noch'n Schraubenzieher rum...
Mann, bist du pingelig! Soll man denn wegen jedem kleinen Piß jedesmal extra in den Keller rennen?

Ist es mir vielleicht auch mal vergönnt, in den nächsten Wochen mit diesem gottverdammten Wege-Telofon zu telefonieren!!
Reg dich bloß ab! Man wird doch wohl einmal in Ruhe mit seiner besten Freundin plaudern dürfen!...

Mann, du hast die Pinsel zuletzt benutzt und wieder total aushärten lassen! Die kann man alle weghaun!
Mach doch kein Geschiß. Wenn ich welche brauch, kauf ich halt einfach neue, wenn die alten hart sind!
Ja, du brauchst sie ja auch erst mal nicht mehr! Du bist ja fertig!

50

Wir gehn in's Bett!
Kauft euch doch euren Krempel für eure albernen Frauen-aktionen selber!!
Haha!! Du bist ja bloß neidisch, daß wir so gute Ideen haben!! Wo eure doofe Männergruppe schon nach fünf Wochen wieder eingeschlafen ist!!
Also, ich finde, das sollten wir jetzt echt mal ausdiskutieren!

He, du!! Ich möcht gern mit dir schlafen!...
JETZT???!
F. BECKER.

Der Nächste bitte!
Zimmer in unorthodoxer, lockerer WG zu vermieten.
Bitte anstellen und bis zum Aufruf warten.

Tausche
10 Latzhosen
+
1 Schnitzermühle
gegen eine geile
Lederhose!

DIE BÜRGSCHAFT
Fritze Carlo

Also das Stück handelt von so 'nem Zampano, der so 'n total abgefaulten Typen in die ewigen Jagdgründe schicken will. Der Zampano also schleicht sich mit'm Klappmesser im Kaftan in den Bunker und will den Obermufti abstechen. Das ist echt ein unheimlich fieser autoritärer Charakter, so mit Berufsverboten und Pershing II in seinem Land. Dioxin oder so ähnlich heißt der. Und die Zivis von dem, die schnappen sich nun diesen Zampano. Aber der hat im Grunde genommen gerade gar keine Zeit für Knast und so, weil seine Schwester mit irgend so einem Muffkaiser durch die Pampa brettern will. Und da wollte er kurz vorher nochmal vorbeitigern. Da kommt ihm 'ne oberaffengeile Idee. Ob nicht 'n Kumpel aus der Öko-Pax-Bewegung im Rotationsverfahren für ihn seinen Job im Knast übernehmen könnte. So 'n Sozial-Freak is auch schnell gefunden. In drei Days will er wieder auflaufen. Dieser beknackte Dioxin gibt sein logo dazu und unser Typ schnallt sich seine Disco-Roller unter, nimmt noch 'ne Priese Mescalin und dann ab in die Hufe. Die ganze Sache läuft dann auch zunächst echt easy ab.

Schillers "Bürgschaft"

Nach zwei Tagen findet er seine Schwester bei so 'ner Baghwan-Gruppe mit ihrem Stecher hocken. Das nervt ihn aber alles schnell total, echt ätzend. No Action, nur herumgehänge. Weil er seinen Kumpel zu Hause auch nicht zu alt aussehen lassen will, haut er wieder in 'nen Sack.

Der Rückweg ist ziemlicher Amok. Erst Pißwetter dann wollen ihm 'n paar Skinheads eins über die Batterie hauen. Dann schafft er es aber dennoch.

Dioxin hat bereits einen raushängen lassen, von wegen Solidarität in der Öko-Bewegung und so. Und die Pigs von dem haben bereits den Punk abgehen lassen und diesen Sozial-Freak an so 'nen Bretterzaun genagelt. Der war schon fast abgeschmiert. Ja, und mit einem kräftigen "Jungs, was is 'n hier Tango" meldet sich unser Zampano wieder in den Kreis zurück.

Die Message geht sofort an den Dioxin. Und dann is natürlich Freude, Friede, Disco-Torte. Ja, und der Dioxin, der läßt sich dann die beiden in seine Hütte kommen und wird Mitglied in der Friedensbewegung.

Du, ich fänds halt unheimlich wichtig, daß du dich irgendwie echt mal besserst!
Klaro!
P. GAY

Schon in frühester Jugendzeit kannte Werner Persönlichkeiten des öffentl. Lebens...

ELE MELE MU, UND RAUS BIST DU!

IMMER ICH!

... während sein Vater (Pfeil) in Kaschemmen hochgeistige Gespräche führte, ...

WAS HÄLST'N VON ANGOLA?

AN GOLA?! AN GOLA GÖNNT ISCH MER DODSAUF'N

...Im Bett hingegen...

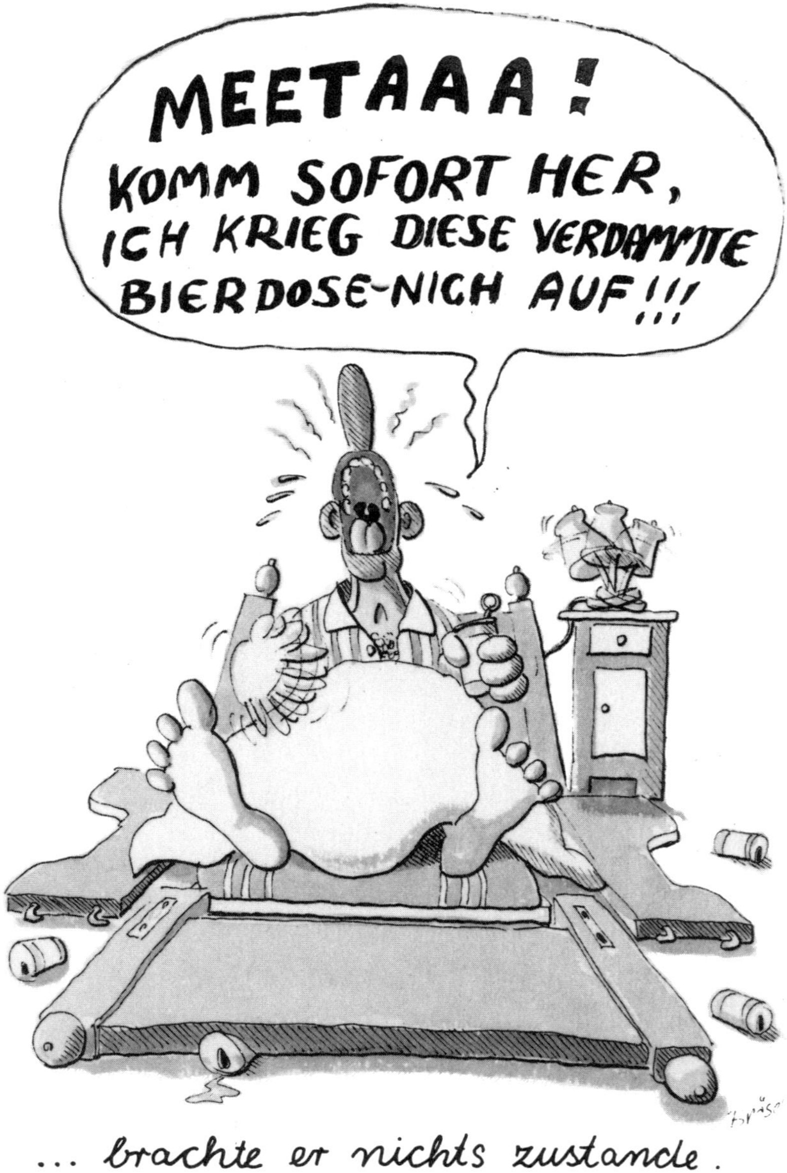

... brachte er nichts zustande.

Und was machen Sie so privat?
Ich genieße mein Leben in vollen Zügen
Freimut Wössner

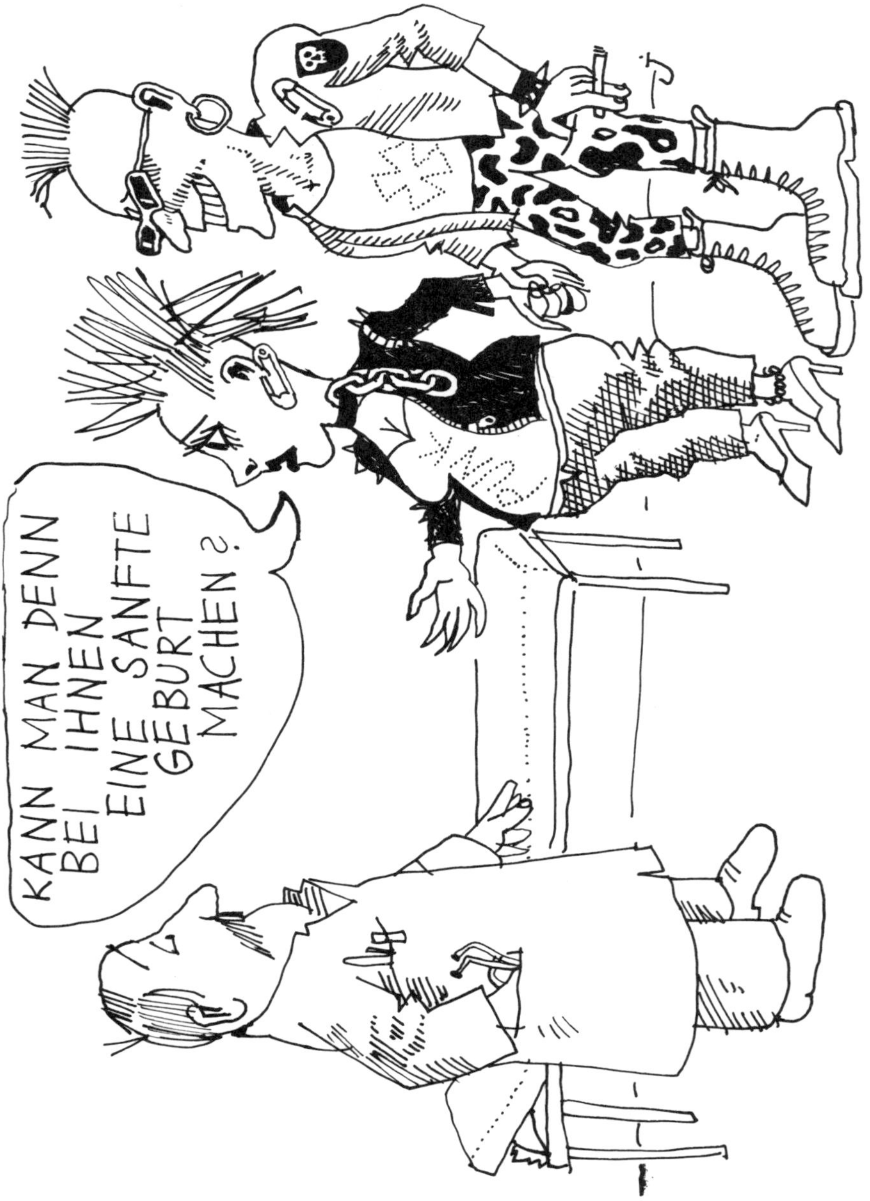
KANN MAN DENN BEI IHNEN EINE SANFTE GEBURT MACHEN?

GEIL

SONDERANGEBOT JA!

MAL SEHN WAS DIE ZUM FRÜHSTÜCK BIETEN

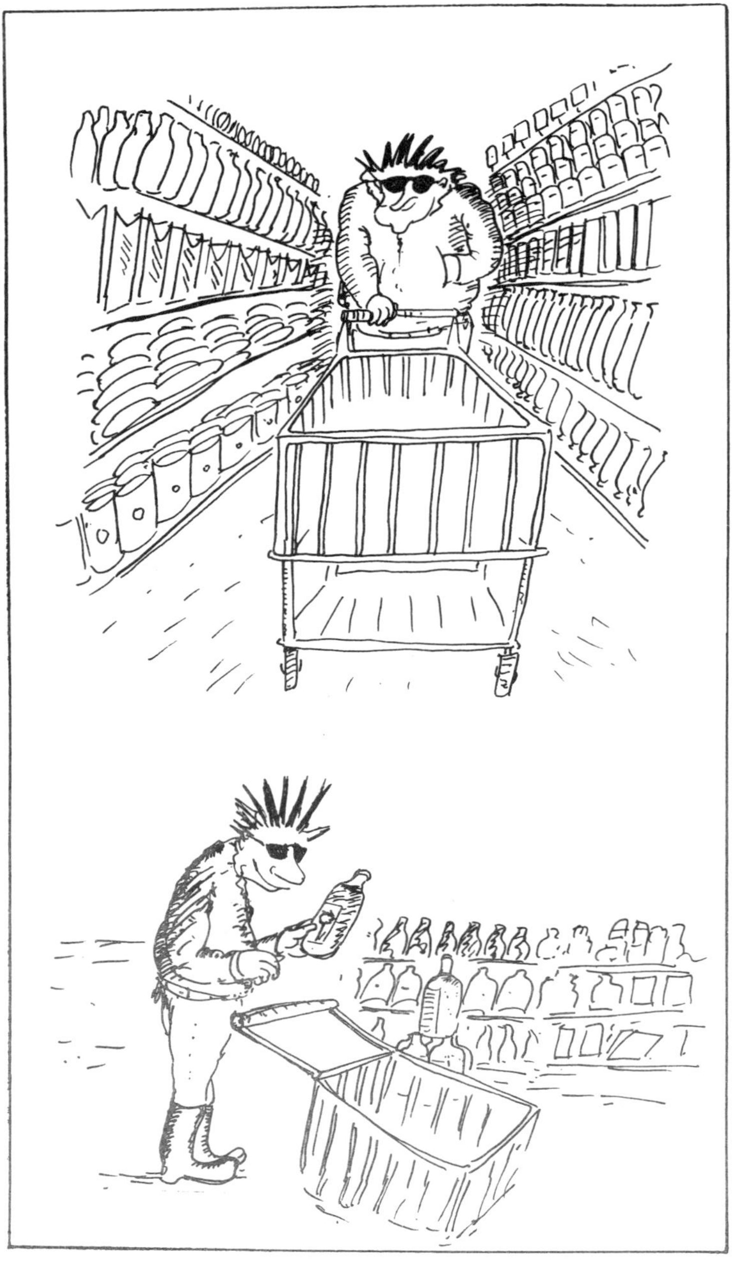

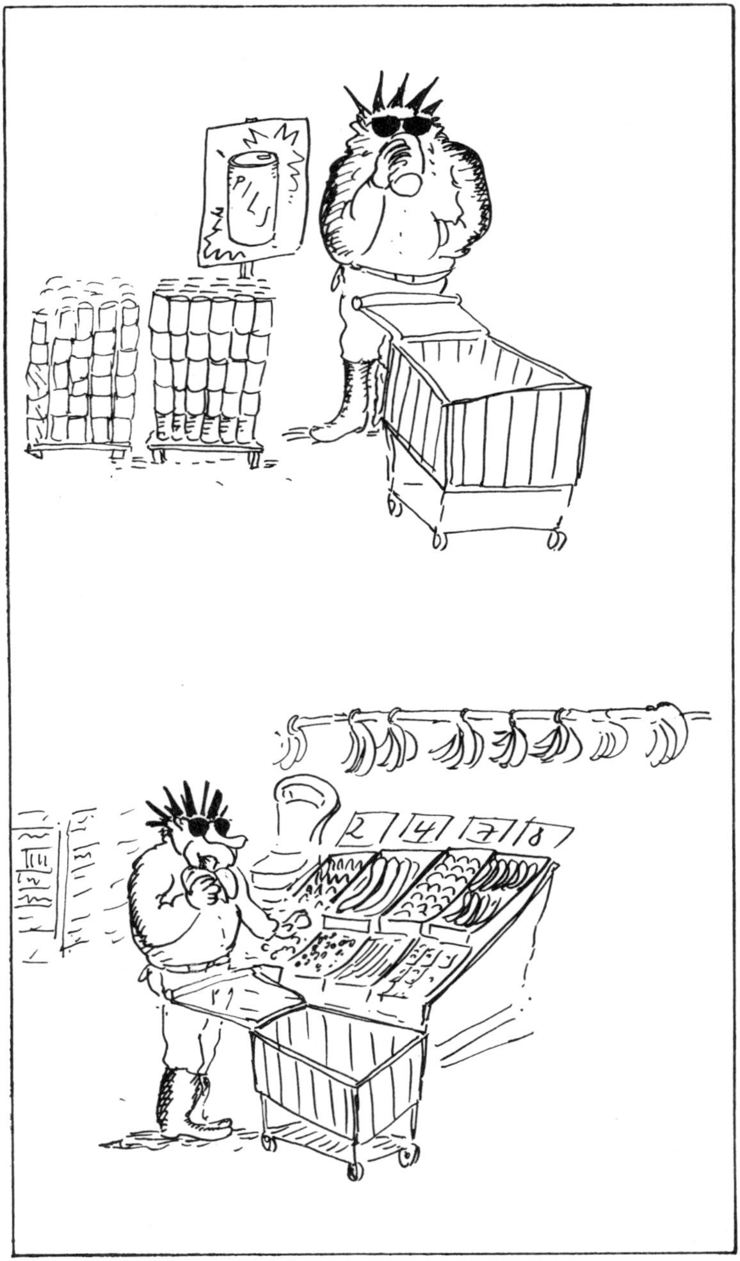

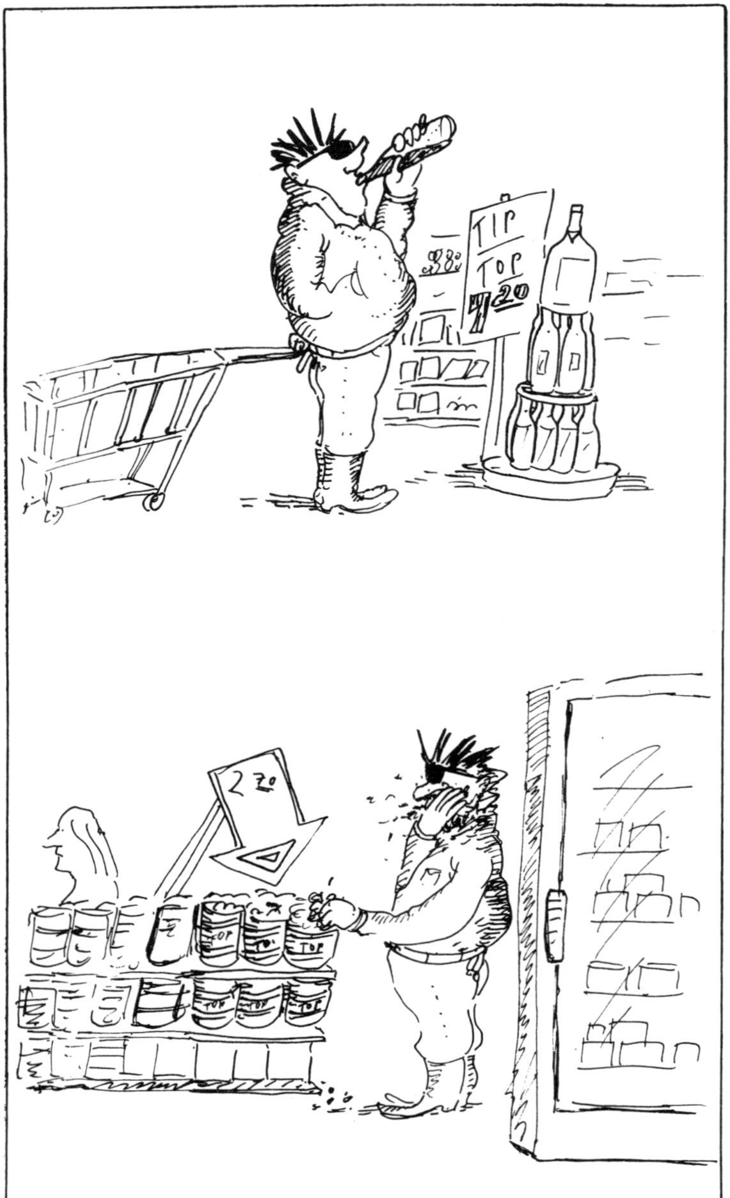
TIP
TOP
TOP

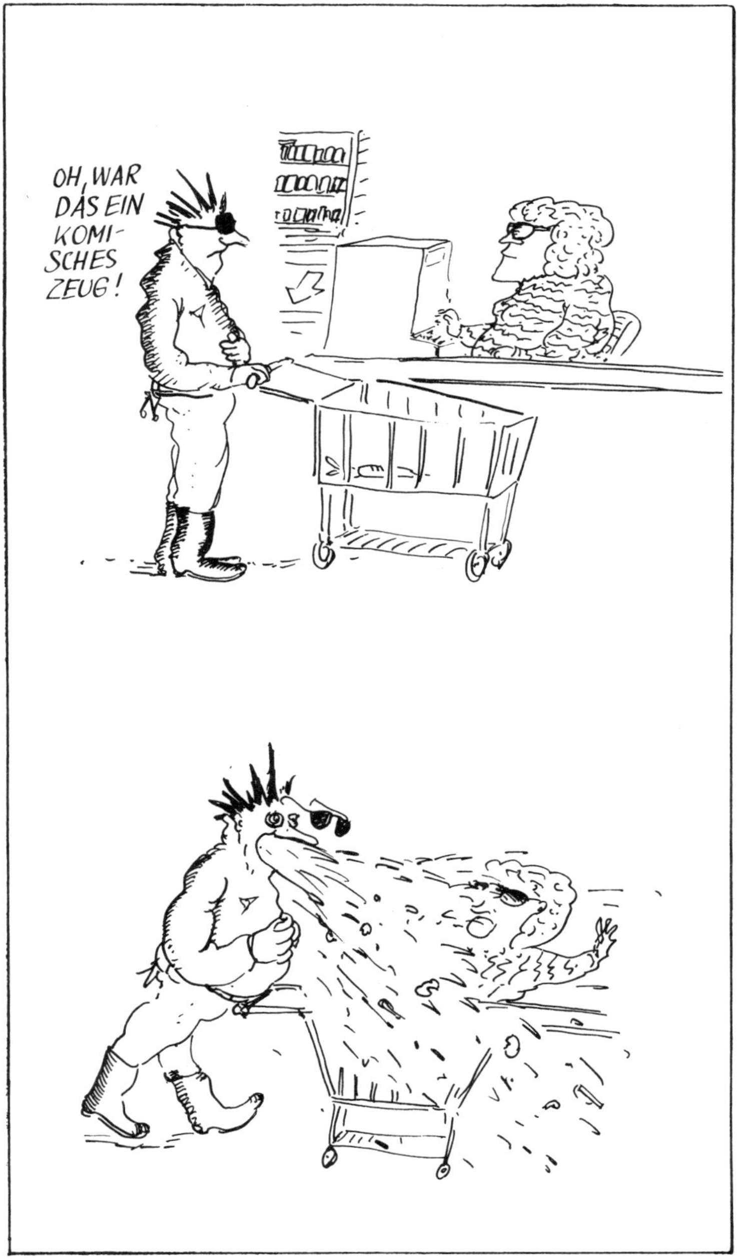
OH, WAR DAS EIN KOMISCHES ZEUG!

Ach!
Mich hammse gestern zum Kassenwart in der Jungen Union gewählt!

RUDI UND DIE POPPER!

ÄH, BERND! HAT EIGENTLICH GEORGINE GESAGT, WAS WIR MORGEN VORHABEN?

IN AUGENBLICKEN WIE DIESEN, SOLLTE MAN BESSER NICHT AN DIE ZUKUNFT DENKEN.

SCHNIPPEL SCHNIPPEL

IDEE: SCHARFENBERGER

PUNKER-KARTEI? WAT'N DAT FÜR'N NEU-MODISCHER TÜDLKRAM?
NOCH NICHT GESUCHT
NUR FÜR DEN DIEN GEBRAUC
RUDOLPH 83

FROSCHKÖNIG

Da war mal 'n echter Schniegelpopper mit so 'nem Schwenkerhaarschnitt, also vorne lang, hinten kurz, Nacken glatt rasiert. Ihre Klamotten hatte sie nur von Lady Manhattan.
Sie lebte mit ihrem Big Boss, dem sie immer brav folgte, in so 'ner aufgemotzten Karrierehütte. Was Maloche anging, null. War voll auf 'm Egotrip. Mit 'ner Zweierbeziehung hatte sie nichts im Sinn. Hatte noch nicht mal mit 'm Typen in 'ner Kiste gelegen. Und überhaupt, hatte nur Rollerskates im Kopp. Stundenlang machte sie tagsüber 'n Abflug mit den Dingern am Deich entlang. In den geilsten Verrenkungen. Doch bei dem Gedanken in 'ner Disco Action zu machen, kriegte sie gleich 'ne Flatter.
An so 'nem Sunshinetag, wo sie wieder voll auf 'm Trip war, ging ihr plötzlich 'n Rollerskate ab und bretterte voll ins Siel rein. Völlig down wollte sie gleich die Seelsorge anrufen. Da heizte ihr so 'n Motorrad-Freak entgegen, 'n 68er Apo-Opa. Machte voll auf mitte Zwanzig mit rosa gefärbten Haaren und 'ner Sicherheitsnadel im Ohr. ,,Ey, Alte. Was für 'ne heavy Scene. Was hängste hier so rum und läßt den Frust raushängen?" Die Frau, total fix und foxi, blubberte: ,,Ich häng hier rum, weil mir mein Rollerskate ins Siel gefallen ist!" ,,Nun bleib mal cool, Mutti, ey, take it easy. Ich hol 'n dir wieder! Was gibste mir dafür, he?" ,,Was du willst, so 'n Computerspiel von Nixdorf oder 'n Walkman mit 'n paar Cassetten von Klaus Lage." ,,Das is doch Fuzzi. Nee, das läuft nicht. Laß uns mit meinem Ofen ins Sound düsen, die bringen echt 'ne Wahnsinnsmucke. Hinterher ziehen wir uns noch 'ne Bulette in so 'ner Pommesbude und dann hör dir meine heiße Scheibensammlung — von den Krupps — an, bären-

stark, ey. Reiner Maschinensound, da kommt 'ne Vibration rüber. Das bringt uns gut drauf, affengeil sag ich dir."
„O.k., ist gebongt." Dabei dachte sie, dieser schmutzige Typ mit seinen Klamotten aus der Mülltonne paßt eh nicht zu mir, was soll's.
Und als sie ihren Rollerskate wiederhatte, machte sie schnell 'ne Biege. Doch keine Chance.
Da kam ihr Alter mit 'm Porsche angebraust. Sie ganz happy und mit 'ner vollen Tränendrüse verklickerte ihm alles. Doch der Oldie sieht sofort 'n Weg auch mal wieder Action zu machen. Vielleicht stößt er auf 'ne geile 20jährige.
Und überhaupt, die Sandkastenspiele seiner Tochter gehen ihm schon lange auf die Batterie. Die braucht endlich 'n Einstieg in die Scene. Er schmeißt sich noch seine heiße Feige über und dann war auch schon voll Power angesagt. Der Schniegelpopper mit dem abgefukkten Typen auf der Kawasaki vorne weg und der Oldie mit 'm Anarchozeichen und lila Friedenstuch in seinem Porsche hinterher. Im Sound zog sie erstmal wieder 'ne Show ab. Aber der Alte, der inzwischen gut drauf war, verpaßte ihr erstmal 'ne Dröhnung und auch der Typ dachte, die Mutti tickt zuviel. Dem Daddy noch 'nen Joint in die Flosse gedrückt, nahm er die Alte und schon machten sie 'ne Flatter in seine Hütte. Jetzt war seine Plattensammlung angesagt und überhaupt hatte er schon tierischen Bock auf die Alte. Und als der Maschinensound mit der Vibration rüber kam, und er auf die Frau steigen wollte, spürte er schon 'nen paar Laschen. Doch nicht mehr lange, da wurde sie schon ganz zugänglich und hebte ab. Und letzten Endes kam noch 'ne Zweierkiste heraus.

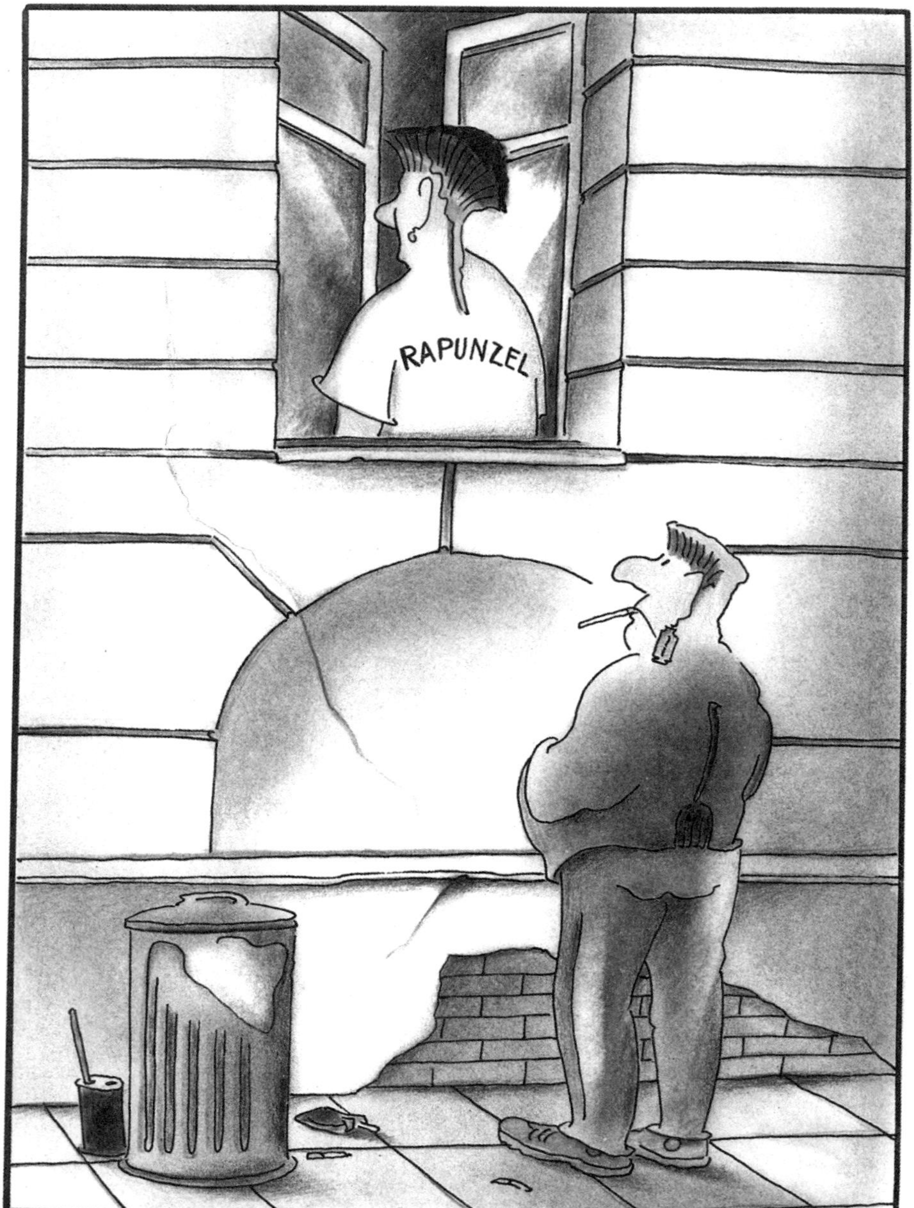
RAPUNZEL

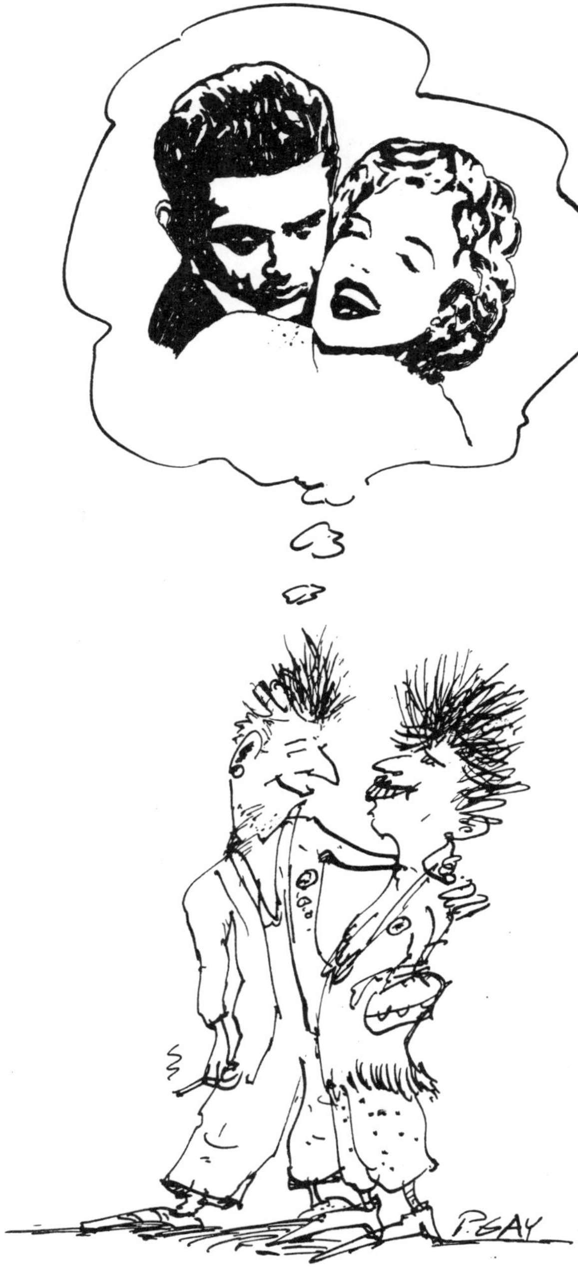
P.GAY

ABER KLARO

Überall, wo wir sind, herrscht Chaos – aber wir können nicht überall sein!

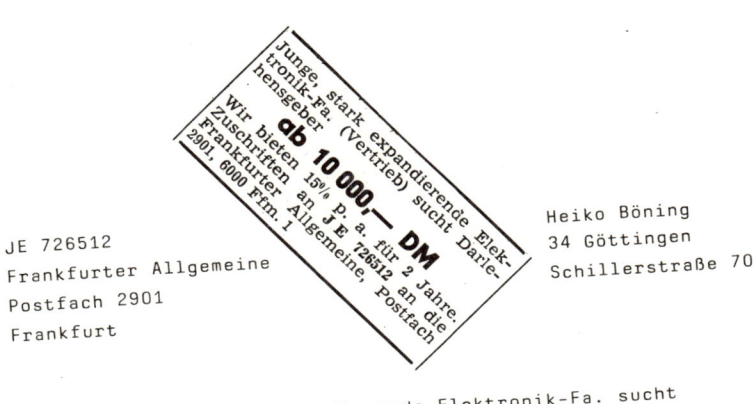

JE 726512
Frankfurter Allgemeine
Postfach 2901
Frankfurt

Heiko Böning
34 Göttingen
Schillerstraße 70

> Junge, stark expandierende Elektronik-Fa. (Vertrieb) sucht Darlehensgeber.
> Wir bieten 15% p. a. für 2 Jahre ab 10 000,— DM
> Zuschriften an JE 726512 an die Frankfurter Allgemeine, Postfach 2901, 6000 Ffm. 1

Betreff: Junge stark expandierende Elektronik-Fa. sucht
Darlehngeber ab 10 000DM!

He stark expandierende Elektronik-Fa, sag ich euch nur!
Ey, Verzeihung das Du, aber so sag ich immer unter Partnern.
Also paßt mal auf. Ich hab genug Kohle, wo ich mir meine
Bude gut mit einheizen kann. Und ich mir schon ne Tube
Sonnenmilch kaufen mußte, um nicht den dicken Sonnenbrand
zu kriegen. Okay, ne! Ihr versteht. Kumpels. Also die 10
mit den kleinen Nullendsilben ist ein guter deutscher
Bierschiß für mich. Die Emotionen, wie ihr drauf seid,
versteht ihr. Das ist wichtig. Und nicht dies komisch bedruckte Klopapier, was auch noch von sich behauptet so
wertvoll zu sein. Naja, nun denn ohne Schotter läuft nun
mal nichts. Also ist er gebongt und läßt die Kassen klingeln.
Sowie es jetzt in eurer stark expandierenden Firma klingelt.
Also, so long Jungs. Bis denne!!

Mit vielen freundlichen Grüßen
Euer *Heiko Böning*

PS: Falls ihr Peter Steinbrink trefft, grüßt ihn von mir!

GROF electronic

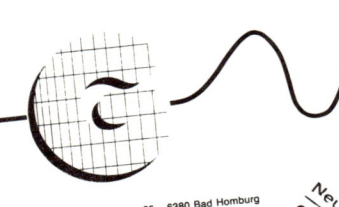

Handel und Vermittlung elektronischer Bauelemente

GROF electronic GmbH · Auf der Schanze 25 · 6380 Bad Homburg

GROF electronic GmbH
Auf der Schanze 25
6380 Bad Homburg

Tel. 06172-46151
Telex 4175014 grof d

Neue Anschrift!
GROF ELECTRONIC GMBH
Platanenring 20
6380 Bad Homburg · Obererlenbach

Hrn.
Heiko Böning
Schillerstr. 70

3400 Göttingen

Datum 05.08.85

Betr: Unsere Anzeige in der FAZ, Chiffre J E 726512.

Sehr geehrter Herr Böning,

Wir danken Ihnen für Ihr Interesse.
In der Anlage erhalten Sie unser Exposè mit den für Sie notwendigen Daten über unser Unternehmen.
Wir bitten um wohlwollende Prüfung und würden uns freuen, wieder von Ihnen zu hören.

Mit freundlichen Grüßen

Josef Grof

Bankverbindungen: Nassauische Sparkasse · Kto.-Nr. 245 002 750 · BLZ 510 500 15
Bayerische Hypotheken- und Wechselbank · Kto.-Nr. 5330 132 150 · BLZ 500 201 60
Eintragung Amtsgericht Bad Homburg · HRB Nr. 3046
Geschäftsführer: Josef Grof, Wilhelm Hauser

JETZT HÖRT MAL GUT ZU:
ICH BIN DER LETZTE HAUSBESETZER BERLINS UND ICH STEH UNTER NATURSCHUTZ - KLAR ?! UND JETZT VERPISST EUCH !
DETLEF S.

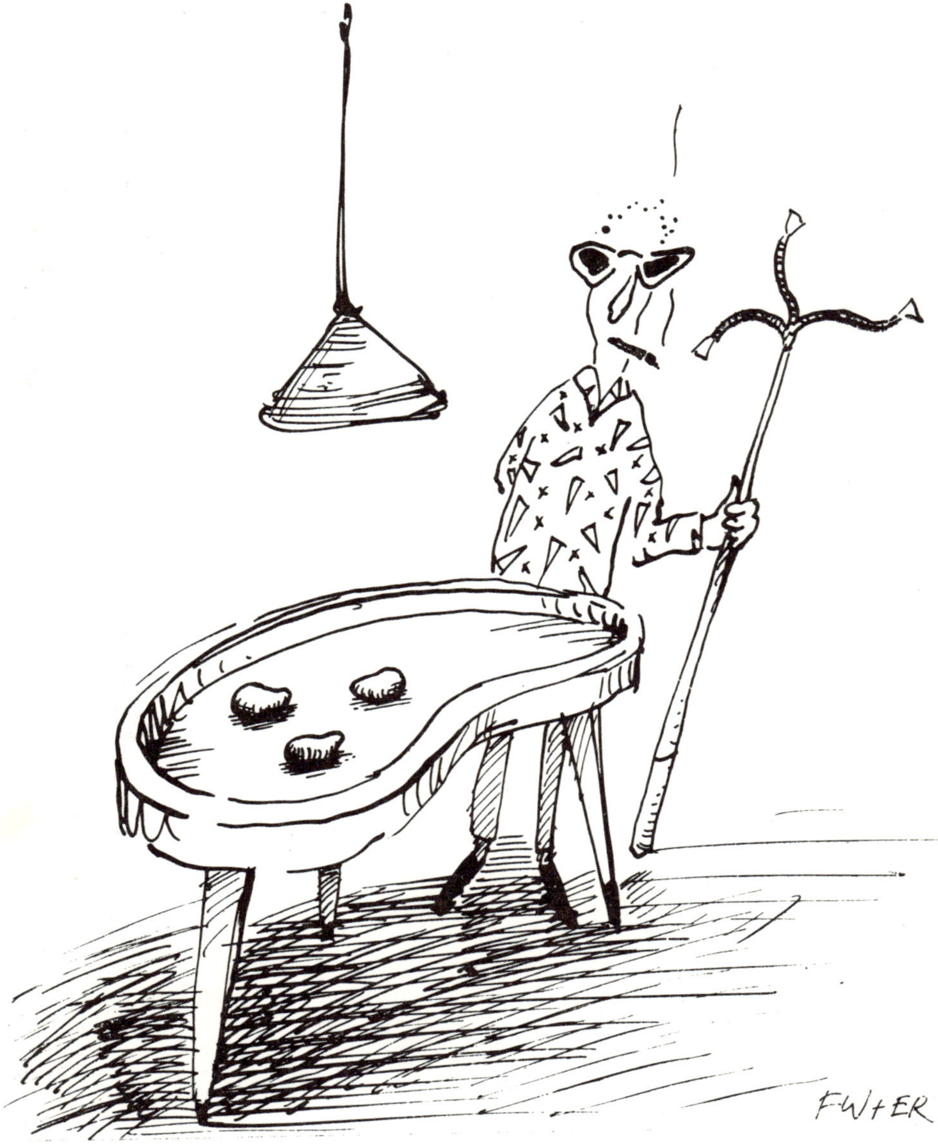

++++++ Wetterbericht ++++++

Das Hoch, das sich gestern mächtig an der Biskaya zu schaffen machte, ist an der deutsch-französischen Grenze wegen Paßvergehens zurückgewiesen worden.
Dafür hat sich der Wassermann voll angesagt. Temperaturmäßig wenig Glitter, dafür Wollsocken. Nur in der Osthälfte von Germoney, bei Erich also und in Bullentown, werden einige echt geile Schäfchenwolken erwartet. Die weiteren Aussichten: Pißwetter und total tote Hose.

Unsere Außenstellen melden folgende Temperaturen für heute high noon: Jägermeisterstadt: Eier warm; Punkfurt: Fieber 38,4 Grad; Braunlage: Zwei miese, aber echt cleaner und verschärfter Schnee; also nix wie hin! Noch eine Nachricht aus unserem Verkehrsstudio: Aufgrund des Abfuck-Wetters findet die "Rettet den deutschen Wald — kauft dänische Tannen" - Demo nicht wie vorgesehen auf dem Kaiserdamm, sondern in der Turnhalle Wörthstraße statt. Also: Mollis zu Hause lassen.

...IM SÜDEN DEUTSCHLANDS IST MIT STARKERER GIFTGASBEWÖLKUNG UND RADIOAKTIVEN NIEDERSCHLÄGEN ZU RECHNEN. DIE BEVÖLKERUNG DIESER REGION WIRD GEBETEN VORÜBERGEHEND NACH SCHLESWIG-HOLSTEIN AUSZUWANDERN IM ÜBRIGEN DEUTSCHLAND HEITER BIS WOLKIG...

BEI UNS WIRD'S SCHÖN

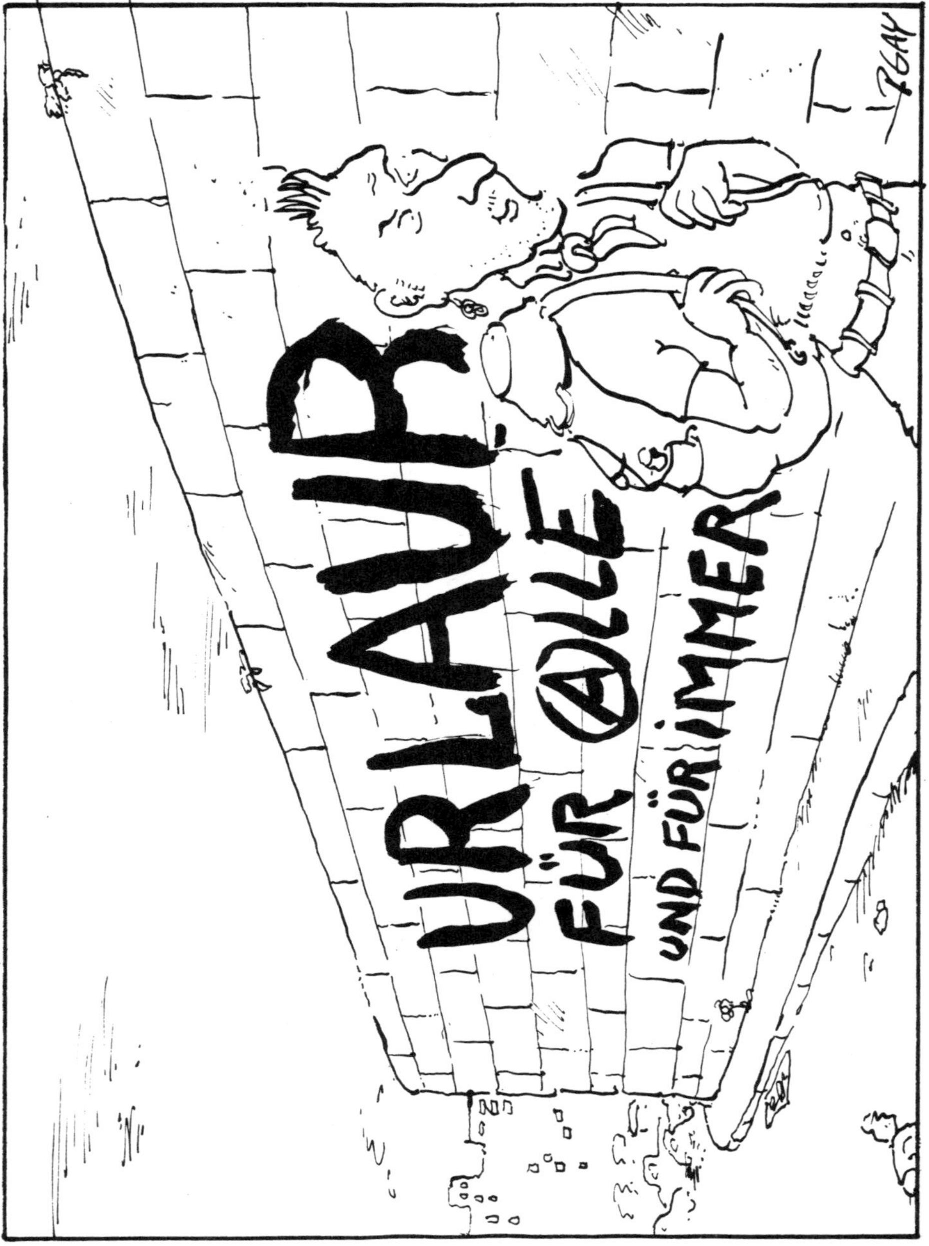
URLAUB
FÜR ⒶLLE
UND FÜR IMMER
TGAY

MAX UND MORITZ
SAUAKTUELL

FRIEDBERGER
FRIEDENS—FREAK—OPER

Also, Leute, eigentlich hätt ich ja schon gern so 'ne richtig tolle Freak-Oper geschreiben, oder komponiert, wie man sagt, mit allem drum und dran, mit scenes und peoples und Zeug und Kram, wie man das so hat, mit Inhalt und Handlung, wirklich astrein getimed und alles, 'n komplettes Lebretto, also wun-der-bar.

'N Story hätt ich auch schon gehabt, gell, und zwar wäre das um die Friedberger Friedensscene gegangen, also wer da jetzt was bestimmt und welche Arbeit gemacht wird und alles.

Ich hätt drei Typen genommen, wo in eine Frau verliebt sind und die sich wegen der zu profilieren versuchen.

Also erstmal der Peter, der als Zigarettendreher in einer WG arbeitet, und dann der Friedrich, der en alternativen Friseurladen betreibt, der einfach ausgestiegen und Unternehmer geworden ist, und schließlich der Che, der eigentlich im Vogelsberg lebt, aber hier auf 'm Flohmarkt immer seinen integralen Yoghurt verkauft.

Und die Frau, wo's drum geht, wär die Karin, die näht selbstgenähte Kleider und so, wun-der-bar!

Also, die Leut auf der Bühne, die müßt Ihr Euch im dezenten Hausbesetzerlook verstellen, alle Frisuren vom Friedrich. Natürlich sind da noch mehr Leut als wie ich aufgezählt hab, gell, noch drei, vier Frimadonnas und Frigolettos, und all wie sie da sind, pfriemeln sie vor sich hin, und da ist echt was los mit Frieden in Friedberg und so.

Als der Che schließlich dann ohne mit den andern im Kollektiv diskutiert zu haben, einen Aufkleber mit dem

Spruch "Frieden schaffeln ohne Waffeln" auf 'm Flohmarkt verscheuern will, gibt's 'n Riesenknatsch. Moni macht gleich 'n Leserbrief an die Frankfurter Rundschau und distanziert sich. Die TAZ schickt einen Reporter, der von Peters Freunden vermöbelt wird. Rudolf Bahro schickt einen Solidaritätsbrief an alle, der aber von der Geli irgendwie verschlampt wird. Und so kommt, was kommen muß: Die Friedberger Friedesscene spaltet sich wie ein Atomkern. In einem eigens einberufenen Workshop wird die Lage gecheckt, und dann bricht das totale Ausflipp-Inferno los.

Eine king-kongspirative Gruppe unter Peter überwältigt Che und sperrt ihn in eine Solarzelle. Peter wird von Friedrich zum Zweikampf gestellt und unterliegt — Judo statt Plastik. Daraufhin drohen die Mitglieder von Peters Wohngemeinschaft "Henna Rübenschwein", das Friedberger Wasser mit Herpesviren zu infizieren.

Mein lieber Mann, da wär aber was los! Ein astreiner Agressionsabbau über Tage!

Und die andern sind auch nicht faul und wollen den Che mit Zucker foltern. ZUCKER! Die Zähne fallen aus, es gibt Pickel, also grauenhaft!

Also das wär schon eine heiße Geschichte geworden, eine Freak-Oper, die wär tierisch nach vorne losgegangen.

Das wär auch 'ne heiße Verwechslungskomödie geworden, mit echter Kritik und was nicht alles. Da hätt jeder sein Schicksal selbst in die Hand nehmen müssen, wun-der-bar!, bis sich am Schluß alles verselbständigt hätt, daß einem selber selbstverständlich irgendwie der Durchblick gefehlt hätt.

Und der hat mir am Schluß auch gefehlt, irgendwie. Deswegen hab ich's auch bleiben lassen. Aber 'ne heiße Geschichte wär das schon geworden, wun-der-bar!

Aber irgenwie war ich auch nicht so gut drauf heut. Vielleicht mach ich mal 'n Flugblatt drüber. Wer weiß!

Hey – kommste mit auf die demo?
Demo? igitt wie spießig
Bernhard

Seht einmal, hier steht er,

der arbeitslose Peter.

Kämmen tut er nicht sein Haar,

färbt es gelb und grün sogar!

Ging in ein besetztes Haus,

holt' die Polizei ihn raus ...

„Pfui!", sagt jetzt ein jeder, „asozialer Peter!"

ALSO WENN DER REGEN NICHT BALD AUFHÖRT, WERDE ICH NOCH SAUER.

WAS SOLL ICH DA ERST SAGEN, HÄH?

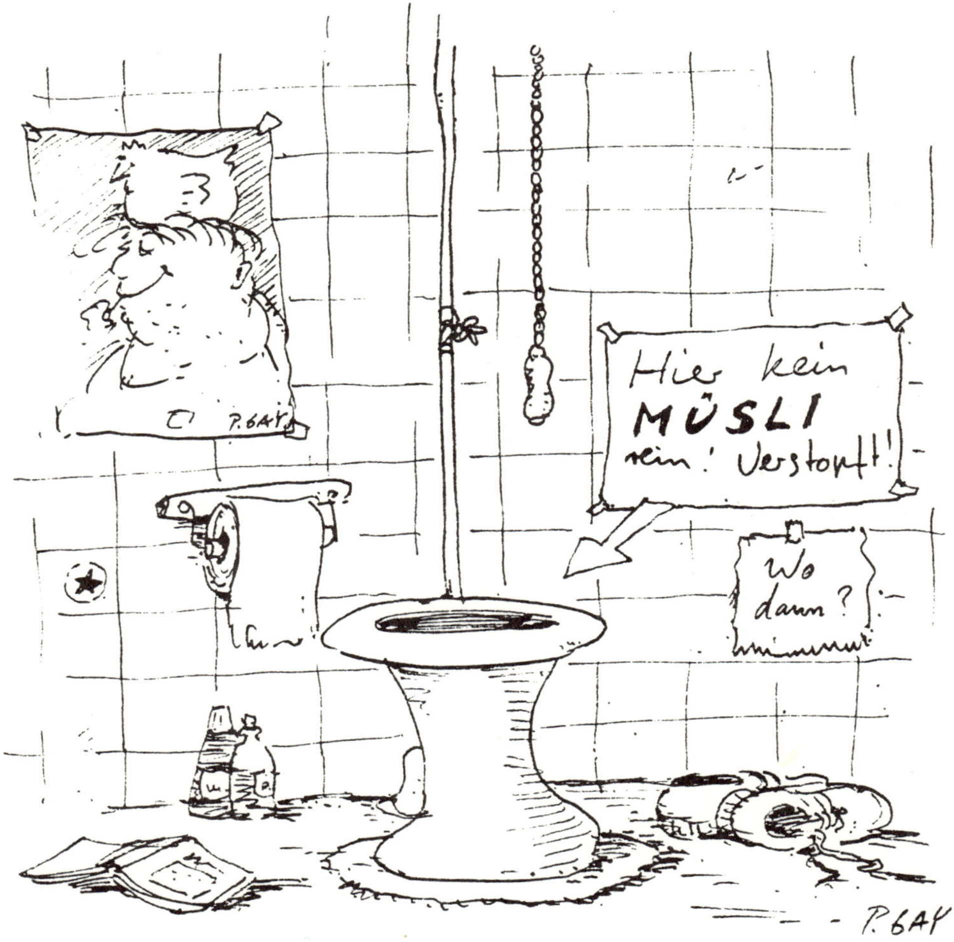
Hier kein
MÜSLI
rein! Verstopft!
Wo dann?
P. GAY

DAS TELEFONGESPRÄCH DES MONATS

HEUTE: Punker Paul und Alka Seltzer

Großtante:	Hallo Paulchen, bist du es, ich bin's, deine Großtante!
Punker Paul:	Ja, hier Kotz (gähn, rülps)
Großtante:	Paulchen?
Punker Paul:	Du wirst an meinem Mundgeruch erkennen, daß ich noch hermannmäßig in der Kiste hänge. Logo. Pinky, Fuzzy und ich waren gestern voll auf Hasenjagd und haben auch mehrere Disco-Schnallen aufgetrieben. Ich hab mich mächtig reingeschafft, aber als da son Stecher kam, der cool auf's Blech gehauen hat, lief Null-Tango ab. Und da hatte ich auch keinen Trieb mehr. Fuzzy wollte sich eh verpissen und Pinky und ich haben noch 'n Satz Plastikburger eingesackt. Dabei müssen wir uns noch mächtig einen in die Batterie getan haben. Jedenfalls war anschließend der große Flattermann angesagt und ich bin heute morgen drogenmäßig echt bei Alka-Seltzer. Großtante, ich muß abpfeifen und noch 'ne Mütze Schlaf nehmen. War nett, von dir zu hören. In diesem Sinne: Amis raus aus USA, Winnetou is wieder da... Übrigens: Grüße an Pit Kluwe zum 40.

DIE GESCHICHTE VOM SUPPENKASPAR
AUS DER SICHT DER SUPPE -
mit einem Nachwort des Kaspars

Der Kaspar, der war kernkraftgesund,
ein dicker Bub und eierrund.
Er hatte Backen rot und frisch
die Suppe aß er hübsch vom Tisch.
Doch einmal fing die Suppe an zu
schrein:

Oh, würg, immer dieser dicke Kaspar
ich will nicht mehr in ihn hinein.

Am nächsten Tag - ja sieh nur her,
war die Suppe schon viel magerer.
Da fing die Suppe abermals an zu
schrein:

Iggittigitt, fuck diesen Kaspar!

Am dritten Tag, oh weh und ach!
wie ist die Suppe dünn und schwach.
Und als die Suppe kam herein
da fing der Kaspar an zu schrein:

Echt geil, ey, hab totalo fatalo
mein Idealgewicht wieder,
jetzt geht der Punk voll ab, logo.

EIN NEUER TAG !
GÄÄÄHN!
KRAT KRAT
WC
RÖCHEL HUST HUST BÄH HUST KOTZ REIHER
PFFFF

ÖRKS
IAAH
AAH
VAHH
RÖCHEL RÖCHEL
KLACK
WC
UND WIEDER FRISCH IN DEN NEUEN TAG!!
WC
2
IDEE: SCHARFENBERGER

COCO 80
COCO 80
COCO 80
COCO 80

Die Steinhuder Rede von Helmut Schmidt*

Freaks!   Tussis!   Fans!

Wenn dieser bescheuerte Planet seinen nächsten Trip um den Stern geröhrt hat, dann läuft, Fans, die Bundestagswahlkiste wieder voll durch. Der deutsche Plebs macht seinen Krakel darüber, welche Greise und Schleimis für die nächsten vier Jahre in den Hohen Bonner Schuppen drücken — und welche dicht oder die Mücke machen müssen. 1980, da kannst du heute schon arschklar drauf abfahren, wird dieses Kackland unheimliche Vibrations kriegen — und zwar vor allem aus dem Stußgrund, daß die Christentypen uns diesmal einen

---

* *In ganz offensichtlicher Anlehnung an die berüchtigte "Sonthofener Rede" von Franz Josef Strauß hielt Helmut Schmidt unlängst im Disco "Sponti-Lollipop" in Dingswede am Steinhuder Meer eine von der SPD-Baracke als Modellversuch "Coco 80" eingestufte Rede vor 120 Zuhörern. Ihr Text ist nicht allein für die Kalamitäten der SPD signifikant, angesichts der Entpolitisierung und des Rechtsrucks großer Teile der Jugendlichen neue Wählerschichten zu rekrutieren; ihr Fatales gründet mehr noch in einem Geist der Pragmatik, ja Anpassung, den freilich Hellhörige bei der SPD schon sei Mitte Juni 1962 wittern mochten.*

80

Kandi hingeklotzt ha-

80

ben, der wie nichts Gutes auf den Putz hauen und rumbohren und sich reinschaffen wird: Unser alter Scene-Crash-Man Franz Josef Strauß.
Logo, vorerst macht er noch auf dufte und echt gut und noch keine Troubles — jetzt macht er noch auf echtes Feeling für Euch Hänger und irgendwie auf Jugendkiki. Das macht er ganz cool, gebongt. Wie ein echter Gent. Aber sogar die jüngeren Typen unter Euch, die politisch noch nicht so voll durchblicken können, sogar die sehen doch ein, daß der Mann Euch nur eine Show vorzwitschert und dumpfe Stories erzählt. Der Sound ist link, Leute! Total null! Strauß ist und war echt immer der Message-Mann der beknacktesten Chauvis, der Profitgeilis und der Multi-Absahner — auch wenn er jetzt den verhärmten Sozial-Softi abzieht. Der steht doch weder auf Euch Freaks noch auf Disco noch auf was sonst so in der Scene läuft! Der flippt Euch doch nur auf die neue Rechtsscheiße ein, törnt Euch an und macht den Stimmen-Reibach!

Was hat er nicht, shit, alles gedreht und gefummelt die letzten dreißig Jahre und an Geseire gemotzt und schattig herumgetönt! Bei unserer absolut bedienten Klasse-Ostpolitik hat er sich einen Satz heißer Ohren geholt, Berlin-

80

und DDR-mäßig hat er mit seinem abgeschlafften Revanchi-Trip voll Rohr in den Eimer gelangt, beim Schleyer-Krisenquack hat er auch nicht echt positiv mitgemischt, sondern sich mit ein paar ausgeflippten Sprüchen verpißt! Die Gewerkschaften hat er immer wieder angesäuert, dafür war er bei den Neo-Faschis der große King! 1969 im Wahlkampf hat er Euch Typen voll vergrätzt, hat Euch als "Tiere" angepißt, "für die von Menschen gemachte Gesetze keine Anwendung finden können" — der Arsch! Der hat doch ehrlich einen Riesenschlag im Hirn! Im Parlament hat er schon '63 Ärger gemacht und den alten Schnarchern dort Dinger erzählt von wegen nichts zu schaffen gehabt damit. Mit seinem irren Bock auf den Atom-Glimmermann hat er im Ausland Troubles gemacht, mit griechischen und chilenischen Faschis ist er ewig rumgezogen — dann ist er irgendwie nach Afrika rübergewichst und hat sich mit ahnungslosen Medizinwummis knipsen lassen und irre kaputten Rotz über unsere People abgelassen — echt Wahnsinn!

Schnecken und Gents, hier hak ich mal ab. Eins aber verklickere ich Euch: Wenn dieser total verratzte Bayern-Chaot 1980 die Power in die Finger kriegt und den Hammer hochhängt, dann steht Ihr Typen spätestens im Jahr 2000 derart astrein im Wald, dann ist in diesem Land der Ofen völlig und total aus, dann habt Ihr hier in Dingswede eine derart verschattet schlaffe Scene, dann kriegt Ihr Hänger und Spinner politisch-feelingmäßig derart eine Pfeife reingewürgt und reingesemmelt, dann erbt Ihr derart Taucherbrillen, dann seid Ihr so abgefuckt, daß Ihr nur noch total ausgeklinkt auf der Matte döst und an der Matratze horcht — oder aber nach Schweden oder Indien oder Italien brettern müßt! Das kann ich Euch nur heiser in die Muschel flüstern! Und weitere 20 Jahre werden abfahren, bis der Schrott-Spasti den Hammer wieder fallen läßt und sein Gedöns wieder vor'n Arsch geht. Bis dahin aber wärt Ihr ehrlich tragische Greise und Euer "Sponti-Lollipop" voll down.

CDU/CSU — der Laden ist doch ewig schon Ultraarschquatsch von alten Zombies, das sieht doch jeder Spinner klar ein! Die schrägen Rom-Kisten, Fans, die sind doch für dösige Omas, die sind doch für Euch gegessen, da regt sich doch niemand mehr auf, der Papst ist doch für Euch geschenkt! Nur die Prolis und Analphis draußen in der Hinterscene, die irgendwo irgendwie nie durchblicken und vor der Hölle den Flattermann kriegen, nur die fahren doch noch drauf ab und latschen hin, wenn sie Strauß reihern hören, weil er als der große Single verscheuert wird. Aber — traurig-traurig: Nicht wenige Oberschlaffe unter Euch, Freaks, gibt es, die heute genau so einen Satz machen, wenn der Bayernkackarsch die große Schaffe raushängt: Da düsen die heute zum Teil schon wieder echt geil hin und wichsen sich hoch, sobald der Heuler eine seiner Shit-Reden abzieht oder seine Supersession in Passau. Da verlieren die total die Übersicht, und der Strauß macht sie an, schleppt sie ab, reißt sie auf und bumst sie bewußtseinsmäßig voll durch, das hältst du im Kopf nicht aus! Geschweige denn im Schritt.

Leute, seht's ein und verlaßt Euch drauf: Der volle politische Durchblick läuft eh nur bei uns und sonst nirgends! Wer überblickmäßig auf die richtige Schiene einflippen will, der klatscht sein Kreuz am Wahlmorgen unheimlich scharf für die SPD aufs Papier — reicht aber auch, wenn er nachmittags um 17 Uhr rum auf der Matte steht. Wer aber von Euch Steinhudern jetzt noch auf Brülli-Franz und seine fuck'n'Rocky-Horror-Penunzen-Show steht und dem Chauvi-Geii voll reinläuft, der ist eben echt tragisch nicht dicht. Alles klar? So, und jetzt könnt Ihr wieder auf's Flummerparkett eiern, Eure Pfannen und Öfen anschmeißen und einen Schlag Sport machen.
Bis die Tage: Euer Coco.

WERNER und seine Kumpel spielen Skat

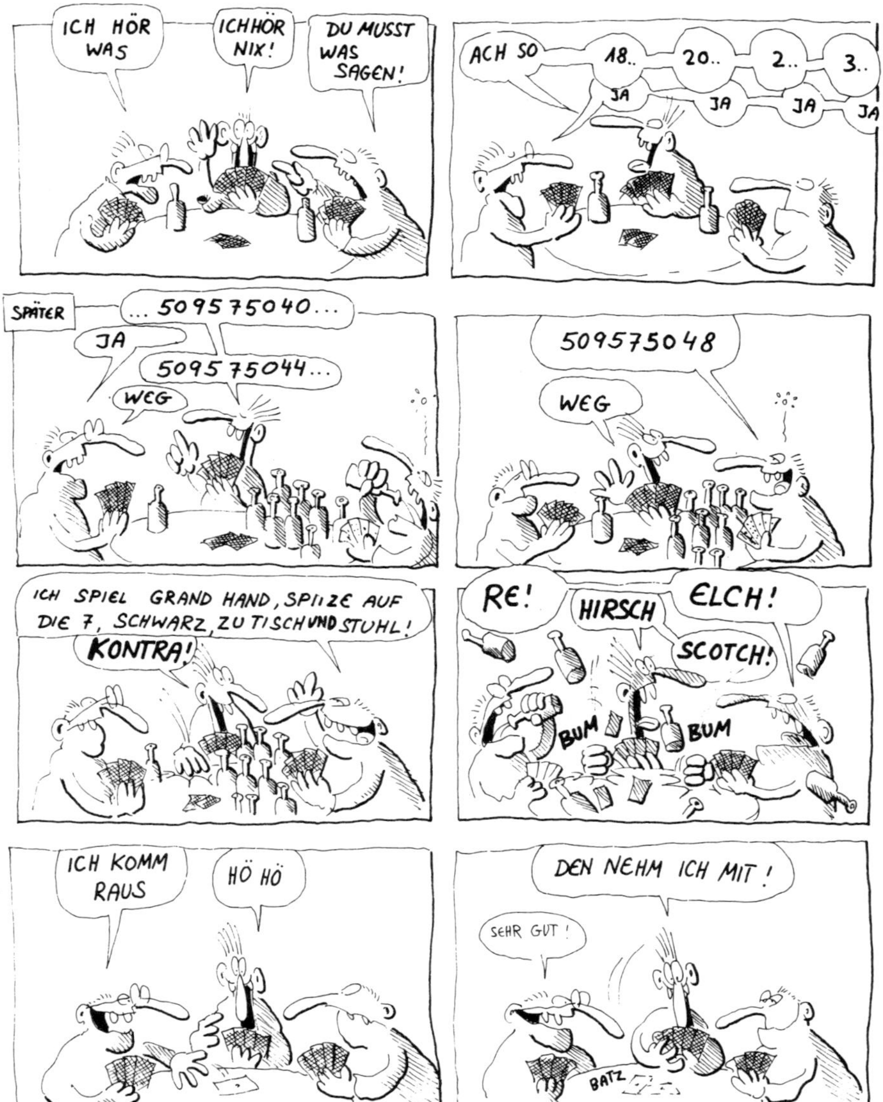

GESTOCHEN, HA HA!
ZACK!
LOS, HOSEN RUNTER
WIESO?
NEIN! KARTEN RUNTER
OFFEN AUF DEN TISCH LEGEN!
GEHT LOS!
ICH KOMM RAUS!
DEN KANN ICH ÜBER
BATZ!
DU MUSST ÜBERNEHMEN!
? ? ?
? ? ?
HUALP!
ÜBERNEHMEN! ÜBERNEHMEN MUSST DU, NICHT ÜBERGEBEN!
ACH SO!
NAJA, MACHT NIX, ER HAT SOWIESO VERLOREN! MIT 3. SPIEL 4, HAND 5, SCHNEIDER 6, SCHWARZ 7, SPITZE 8, ANGESAGT 9, TISCH 10, STUHL 11, GEKOTZT 12, MACHT 240, KONTRA 480, RE 960, HIRSCH 1920, ELCH 3840, SCOTCH 7680, VERLOREN 15360, WER GIBT?
DU
Brösel

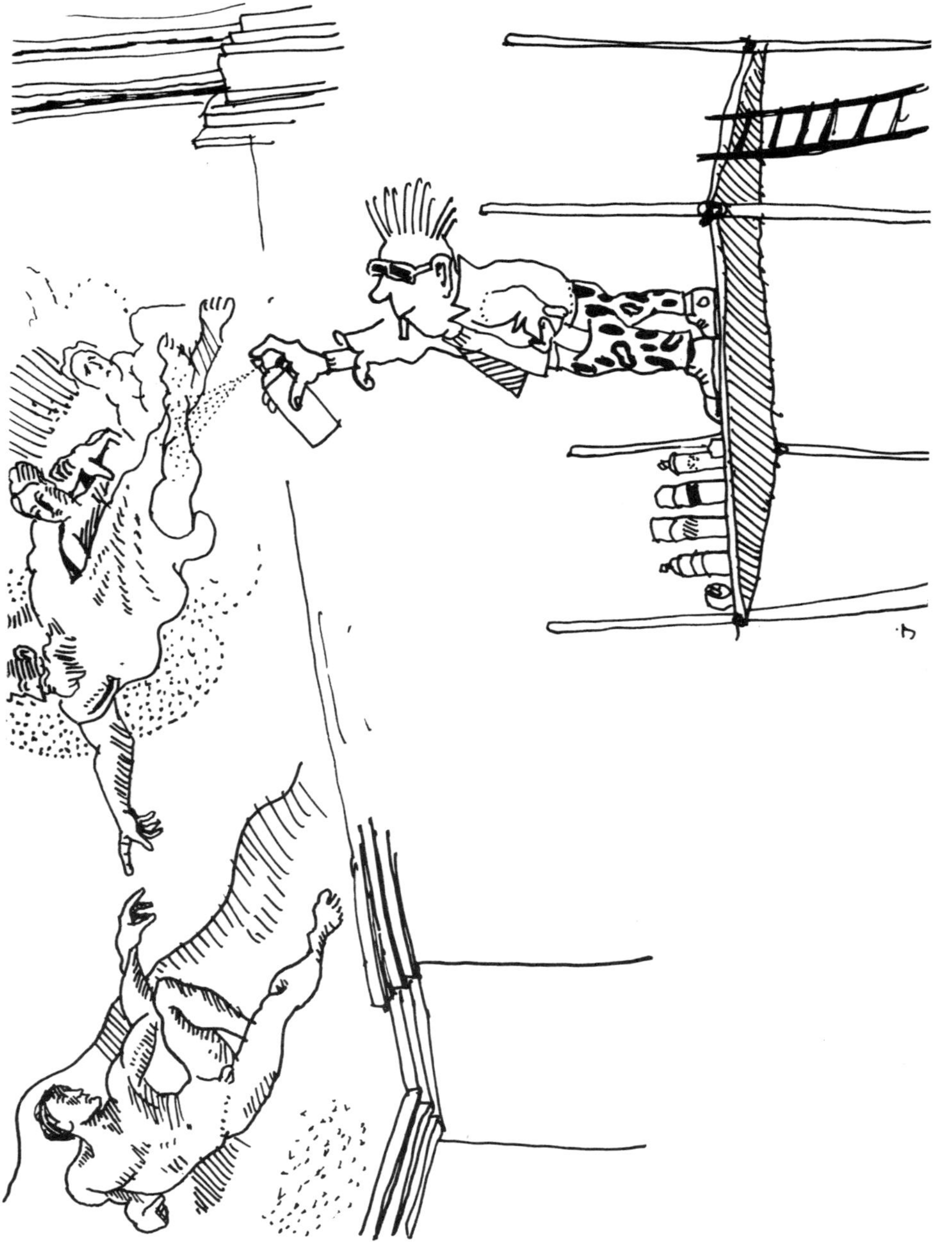

Guten Tag, Herr Finanzbeamter, ich wollte nur fragen, ob ich meine Tochter irgendwie absetzen kann.
Ja. Doch. Ich würde sagen, das geht. Und zwar als außergewöhnliche Belastung
Freimut Wössner

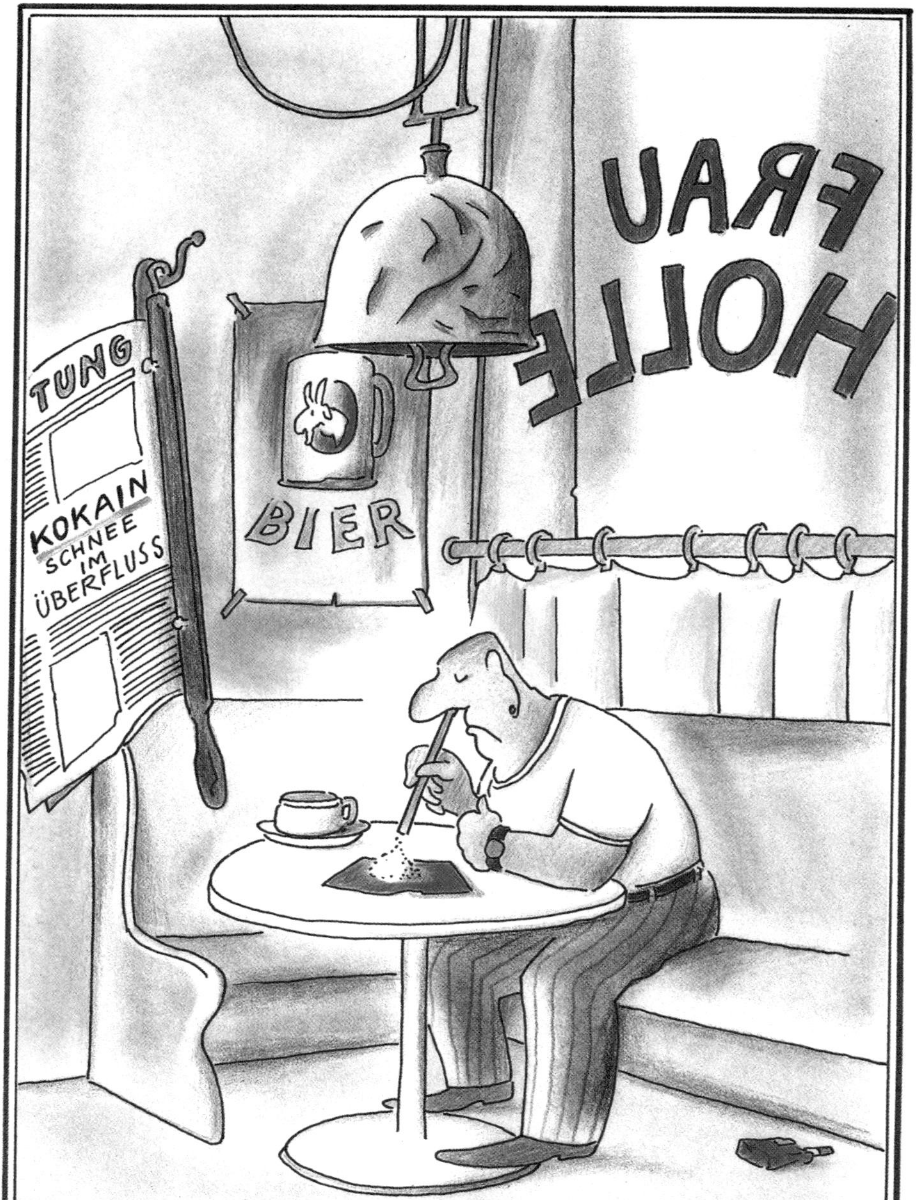
TUNG
KOKAIN
SCHNEE IM ÜBERFLUSS
BIER
FRAU HOLLE

Emil
von
DETLEF SURREY
Milde Gabe
HASTE MA'NE MAAK, EY
IHR HABT'S WOHL NÖTIG?
IMMA!
EY!
SCHIESS DOCH!
SEKT FÜR ALLE!
DETLEF

Am 10.3. war ja Mamas und Papas "Silberne". Auf dem Foto kannst Du mich malsehen, wie ich richtig "sauer" bin (siehe Pfeil). Ich hab mich halt ein paarmal ziemlich aufgeregt über den Spießerverein.

Liebe Mami, lieber Papi,
nun will ich mich endlich mal
wieder bei Euch melden. Nur
damit Ihr seht, daß Ihr Euch
wirklich keine Sorgen zu machen
braucht. Mir geht es richtig gut.
Ich habe einen prima Job, eine hübsche
kleine Wohnung, und in festen
Händen bin ich auch. Ihr seht
also, es ist alles in bester
Ordnung. Seid ganz herzlich
gegrüßt und geküßt....

Inhaltsverzeichnis

Cartoon — Peter Gaymann	5
Cartoon — Freimut Wössner	6
Cartoon — Brösel	7
Cartoon — Fuchsi	8
Punker Paul — Charly Hermann	9
Süsse — Comic — Ernst Volland	11
Brief — Heike Böning	16
Comic — Freimut Wössner	18
Cartoon — Fuchsi	21
Cartoon — Peter Gaymann	22
Rotkäppchen — Irmela Erckenbrecht	23
Rotkäppchen-Cartoon — Fuchsi	25
Cartoon — Erich Rauschenbach	26
Dekade No. 2 — Thomas Breuer	27
Werner — Brösel	28
Gott sei Punk — Winfried Thomsen	31
Cartoon — Freimut Wössner	34
So gesehen — Ronald Geyer	35
Türke-Comic — Ernst Volland	36
Rettet den Punk — Thomas C. Breuer	40
Flower Power — Steffen Boiselle	42
Brief — Heike Böning	43
Cartoon — Freimut Wössner	45
WG — Ole — Franziska Becker	46
Cartoon — Erich Rauschenbach	52
Cartoon — Peter Gaymann	53
Die Bürgschaft — Ronald Geyer	54
Werner — Brösel	57
Cartoon — Freimut Wössner	61
Cartoon — Jan Tomaschoff	62
Geil-Comic — Ernst Volland	63
Cartoon — Mathias Sebode u. Charly Hermann	69
Rudi und die Popper — Steffen Boiselle	70
Cartoon — Rudolph	71
Froschkönig — Heike Böning	72
Rapunzel-Cartoon — Heinz Langer	74
Cartoon — Peter Gaymann	75
Aber klaro — Ronald Geyer	76
Brief — Heike Böning	77
Cartoon — Detlef Surrey	79
Cartoon — Freimut Wössner	80
Wetterbericht — Charly Hermann und Fuchsi	81

Cartoon — Peter Gaymann..82
Cartoon — Mathias Sebode und Ronald Geyer.........................83
Friedberger Friedens-Freak-Oper — Thomas C. Breuer...........84
Cartoon — Bernhard...86
Cartoon — Erich Rauschenbach..87
Cartoon — Steffen Boiselle...88
Cartoon — Peter Gaymann..89
Punker Paul und Alka Seltzer — Ronald Geyer...........................90
Der Suppenkaspar — Charly Hermann...91
Ein neuer Tag — Steffen Boiselle..92
Coco — Eckhard Henscheid...94
Werner — Brösel...100
Cartoon — Jan Tomaschoff...102
Cartoon — Freimut Wössner...103
Frau Holle-Cartoon — Heinz Langer..104
Milde Gabe — Detlef Surrey..105
Cartoon — Freimut Wössner...106
Cartoon — Erich Rauschenbach..107

FRANZISKA BECKER
geb. '49 in Mannheim. Studium der Ägyptologie und Medizinisch-Technische-Assistentin. Kunststudium in Karlsruhe. Seit '77 Cartoonistin bei "Emma". Veröffentlichungen u.a. im "Stern" und in der "Titanic". Verschiedene Bücher.

STEFFEN BOISELLE
geb. '64, Rudi-Buch '84, seit '83 Hrsg. des Comicmagazins FREAK.

THOMAS C. BREUER
geb. '52. Sieben Bücher, zwei LP's. Neue LP in Vorbereitung. Vertreten in Anthologien und Zeitschriften. Intensive Rundfunkarbeit.

BRÖSEL
Comic-Zeichner. Lebt in Kiel.

IRMELA ERCKENBRECHT
geb. '57, lebt in Göttingen. Arbeitet für einen großen deutschen Verlag als Übersetzerin.

FUCHSI
Cartoonist. Lebt in Berlin.

PETER GAYMANN
geb. '50 in Freiburg/Bg. Bis '76 als Sozialarbeiter tätig. Seitdem freiberuflicher Zeichner und Buchillustrator. Veröffentlicht u.a. in der "TAZ", "Frankfurter Rundschau", "Penthouse" und der Gewerkschaftspresse.

CHARLY HERMANN
geb. '58 in München. Autor und Funkredakteur.

ECKHARD HENSCHEID
geb. '41 in Amberg. Romane, Novellen, Essays, Hörspiele. Mitarbeiter bei der Satirezeitschrift "Titanic".

HOGLI
geb. '45 in Berlin. Malerei und Graphik-Studium an der HDK Berlin. Amelie Glienke arbeitet als freie Graphikerin und Zeichnerin. Zahlreiche Kinderbuchillustrationen.

BERNHARD NÜRNBERGER
Cartoonist. Lebt in Berlin.

ERICH RAUSCHENBACH
Jahrgang '44, geb. in Liechtenstein, seit '53 in Berlin (West). '63 Abi. '66 -'69 Studium an der PH Berlin (ohne Abschluß). '69 -'73 an der Hochschule der Künste (Abschluß). Seit '73 freiberuflich als Illustrator und Karikaturist. Mitarbeit bei diversen Zeitschriften und Zeitungen. Schulbuch- und andere Illustrationen, diverse eigene Bücher, verheiratet, eine Tochter.

HORST RUDOLPH
Cartoonist. Lebt in Berlin.

MATHIAS SEBODE
Kunststudent, '83 erste Buchveröffentlichung als Karikaturist.

DETLEF SURREY
Lebt in Berlin.

WINFRIED THOMSEN
geb. '41 in Berlin. Studierter Historiker, praktizierender Journalist, u.a. "Pardon", "Konkret", "NDR" und verschiedene Tageszeitungen. Verschiedene Buchveröffentlichungen.

JAN TOMASCHOFF
geb. '51 in Prag. Seit '66 in der Bundesrepublik. Zeichnet für verschiedene Zeitungen. Arbeitet als Psychiater an einer Klinik in Oberhausen.

ERNST VOLLAND
lebt in Berlin.

FREIMUT WÖSSNER
Jahrgang '45. Sonnige Kindheit in einem schwäbischen Dorf. Später die branchenüblichen Irrungen und Wirrungen: Ein halbes Psychologie-Studium, Gastspiele als Schmuckmacher, Musikant und Taxi-Fahrer bzw. Mini-Unternehmer. Seit 6 Jahren freischaffend in Berlin als Zeichner, Schreiber und Fotografierer. Ständiger Mitarbeiter beim alten "Pardon", bei "Titanic", der Berliner Stadtillustrierten "Zitty", verschiedenen Zeitungen, Rundfunk und zu Hause bei Frau und Tochter.

Quellenverzeichnis

Gedankt sei Zeichnern/Zeichnerinnen, Autoren/Autorinnen und Verlagen für die Abdruckerlaubnis aus:

Franziska Becker, Power, Diogenes, 1983

Steffen Boiselle, Rudi, Edition Karton, 1984

Irmela Erckenbrecht, Rotkäppchen, aus: Die Geschichte vom Rotkäppchen (Hrsg. H. Ritz), Muri, 1983

Eckard Henscheid, Der scharmante Bauer, Haffmanns, 1980

Heinz Langer, Grimmige Märchen, Hugendubel, 1984

Erich Rauschenbach, Wo kann man hier pinkeln, Eichborn, 1984

Ernst Volland, Harte Tage mit Friedhelm, rororo, 1983

Freimut Wössner, brenzlig, brenzlig, Elefanten Press, 1983

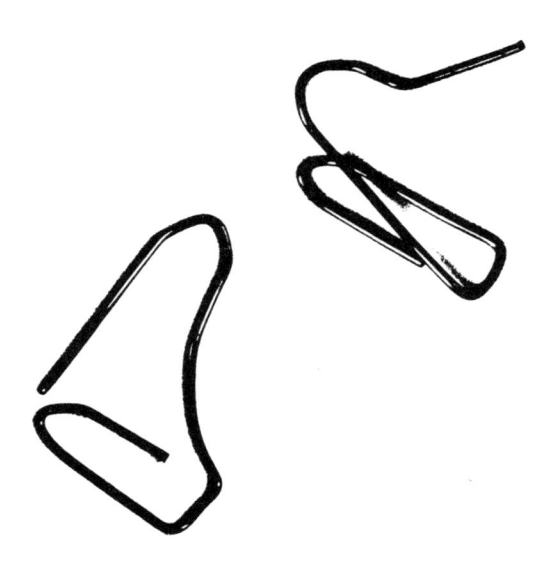